Charles Aubertin

L'Eloquence parlementaire en France avant 1789

essai

ISBN : 978-1533119391

10 9 8 7 6 5 4 3 2 1

Charles Aubertin

L'Eloquence parlementaire en France avant 1789

essai

Table de Matières

I. LES INSTITUTIONS REPRÉSENTATIVES ET LA PAROLE PUBLIQUE AVANT LES ÉTATS-GENÉRAUX DE 1302.

L'âge viril de l'éloquence politique commence chez nous en 1789 ; de cette époque datent sa gloire et sa puissance, car c'est alors seulement que la nation française, maîtresse d'elle-même, a pu élever la voix avec autorité, exprimer librement toute sa pensée et déclarer ses volontés à la tribune. Est-ce à dire pourtant qu'avant cet affranchissement définitif, avant cet avènement de la souveraineté nationale, la parole n'ait exercé aucune action efficace sur la conduite des affaires publiques dans notre pays ? Est-ce à dire que, sous l'ancien régime, les destinées de la France aient été entièrement livrées aux caprices irresponsables des gouvernemens de silence absolu, à des génies de politique secrète et de despotisme taciturne, ou, ce qui est une pire infortune, à des taciturnes sans génie ? Ou bien, si, par intervalles, quelques généreuses inspirations, saisissant l'occasion d'éclater, secouaient et réveillaient l'esprit public, ces saillies imprévues d'une éloquence qui étonnait tout le monde et s'ignorait elle-même se sont-elles évanouies sans trouver d'écho, sans laisser de trace ; n'ont-elles point mérité d'être recueillies et conservées par la reconnaissance ou l'admiration des hommes ? L'histoire, scrupuleusement interrogée, fournit une ample réponse à cette double question.

Quand nous lisons, par exemple, les mémoires et les correspondances politiques du XVIIIe siècle, que voyons-nous ? Une émotion extraordinaire se manifester dans Paris, toutes les fois que la grand'chambre du parlement discute une question de liberté de conscience ou d'enregistrement d'impôts : un intérêt passionné s'attache non pas seulement au résultat de la délibération, mais aux discours que les magistrats prononcent avant de voter pour expliquer et motiver leur opinion. On prend note de ces discours, on en distribue sous le manteau des copies manuscrites ; on se montre avec enthousiasme les conseillers les plus éloquens ; on compare les talens rivaux, et quand l'un de ces protecteurs des libertés publiques vient à paraître dans les rues voisines, remplies d'une foule ardente, on bat des mains, on leur jette des couronnes, on crie sur leur passage : « Voilà de vrais Romains, les pères de la

Charles Aubertin

patrie !.[1] » Remontons plus haut ; ouvrons les archives de nos états-généraux, même les plus anciens. A côté des harangues d'apparat, qui se débitaient dans les séances d'ouverture ou de clôture, nous trouverons, sous les formes les plus variées, les improvisations d'une éloquence naturelle, parfois diffuse, souvent énergique, de vrais discours d'une audace toute moderne prononcés dans les débats à huis clos où les trois ordres, tantôt séparés, tantôt réunis, discutaient les articles du cahier des états. C'est ce que nous appelons aujourd'hui le travail des commissions. Là se déclarent, dans le feu de la controverse, des talens oratoires, inconnus la veille, des tempéramens de tribuns qui fermentaient en secret et dont un incident provoque la bruyante manifestation.

On découvre donc, en pénétrant dans les profondeurs de la vie morale et civile de l'ancienne France, au cœur même de ses institutions mal définies, une tradition non interrompue de libéralisme éloquent, une sève de courageuse et savante parole toujours prête à se répandre ; et ces subites apparitions, passagères comme l'événement qui les suscitait, ces échappées irrégulières de sentimens longtemps contenus, ces protestations du bon sens et de la loyauté, souvent inutiles, mais respectables jusque dans leur insuffisance, forment l'introduction, la préface obligée d'une histoire de la tribune moderne » Nos brillans orateurs contemporains peuvent aisément retrouver, dans ce lointain des siècles, des précurseurs et des ancêtres qui ne sont pas toujours indignes d'eux pour la vigueur de la pensée, sinon pour le talent de l'expression : la forme est rude, sans doute, et quelque peu embarrassée chez les premiers défenseurs de l'opinion publique ; ils semblent fléchir sous le poids de la parole, leur conviction militante est emprisonnée dans les mots comme un guerrier dans une lourde armure ; mais sous ces dehors ingrats, sous cette grossière écorce, on sent un esprit juste, une âme sincère et forte. Voilà un aspect du passé, assez obscur encore, sur lequel nous essaierons de jeter un peu de lumière ; nous voudrions donner quelque relief à cette face du génie français, imparfaitement étudiée et qui a comme disparu sous l'éclat éblouissant de notre littérature classique. Nous recueillerons avec soin ce qui reste de ces anciens

---

1 Voyez, dans la *Revue* du 1er novembre 1871, notre étude sur les *Mémoires de Siméon-Prosper Hardy*.

I. LES INSTITUTIONS REPRÉSENTATIVES ET LA PAROLE...

discours dont la plupart ont péri par l'indifférence même de ceux qui les ont prononcés ; nous demanderons aux chroniques, aux poèmes, aux journaux, aux procès-verbaux des assemblées, aux registres des parlemens, le souvenir des luttes soutenues par les orateurs libéraux d'un régime si avare de liberté, le témoignage de l'influence qu'ils ont exercée, du bien qu'ils ont fait, du mal qu'ils ont arrêté ou prévenu, de la gloire fugitive qui un instant a brillé sur leur nom. Si peu que nous soyons touchés du patriotique désir qui excitait Cicéron dans le *Brutus* à remuer la poussière des antiquités romaines pour y chercher des fragmens de harangues primitives et des vestiges de réputations oratoires, les indices significatifs se multiplieront sous nos regards ; nous verrons se ranimer, se développer cette existence pour ainsi dire préhistorique d'une éloquence politique française conforme au sérieux esprit et aux trop sévères institutions de la France d'autrefois.

La matière qu'un tel sujet, ainsi caractérisé et limité, comporte nous présente tout d'abord deux divisions capitales. De 1302 à 1614, les états-généraux occupent la scène politique ; ils ont seuls le droit de parler au nom de la nation ; de 1615 à 1789, les parlemens, et surtout le parlement de Paris, reprennent et défendent le mandat que les états-généraux ont cessé de remplir. De là, deux époques et deux parties bien distinctes dans le développement que nous venons d'annoncer ; de là, deux sortes d'éloquence politique, dont chacune a son génie, son langage, ses moyens d'action, son originalité. Ces deux époques considérables, ces deux larges espaces, pleins de la richesse visible de notre sujet, sont eux-mêmes précédés d'une période confuse, indéterminée, qui semble vide, mais que l'historien doit bien se garder de négliger, s'il a l'ambition de pénétrer au-delà des surfaces et des apparences, s'il veut atteindre aux principes cachés, à la naissance lointaine des choses. Tout se tient, tout s'enchaîne dans l'histoire des lois, des coutumes et de la civilisation d'un peuple ; le fond de son existence se compose d'un ensemble de traditions qu'un progrès quelquefois contrarié ou précipité par les révolutions, mais toujours logique, modifie sans cesse, et qui durent et subsistent en se transformant. L'institution des états-généraux, en 1302, a renouvelé et complété, sous une forme appropriée aux changemens survenus, d'autres institutions beaucoup plus anciennes : elle est une suite, et non

Charles Aubertin

un point de départ, elle est un effet et non une cause première. Il y avait eu des assemblées politiques, tantôt partielles, tantôt générales, à l'époque carlovingienne et dans les temps féodaux ; la Gaule romaine avait possédé pendant quatre siècles une savante organisation de libertés municipales et provinciales où l'intervention de la parole publique était aussi fréquente qu'efficace : ce régime longtemps solide et prospère, les invasions l'avaient bouleversé sans le détruire ; on aperçoit, dans le clair-obscur des périodes les plus troublées, d'imposans débris encore debout, des germes vivans sous les ruines, des usages persistans, des traditions ineffaçables. Tout cela renaît et refleurit vers le XIIIe et le XIVe siècle dans les institutions du moyen âge français ; les apparentes innovations de la royauté capétienne ont leurs racines dans un passé profond et résument l'effort constant, le travail accumulé de nombreuses générations.

Il y a plus. En civilisant la Gaule, les Romains avaient respecté tout ce qui ne contrariait pas les vues générales de leur politique et l'intérêt supérieur de l'empire : les états vaincus gardèrent leur ancien nom, leur territoire, leurs magistratures, la plupart de leurs franchises locales ; le génie gaulois, assoupli et fortifié, sembla prendre sa croissance régulière et suivre son essor naturel sous une discipline amie, sous une tutelle bienfaisante qui réglait sa destinée beaucoup plus qu'elle n'entravait son ardeur. Aussi peut-on dire que les élémens essentiels de la constitution primitive du peuple gaulois ont passé dans l'organisation perfectionnée qu'il a reçue du génie romain ; de là pour nous une évidente nécessité de remonter bien haut dans le passé et d'en fouiller l'obscurité féconde, si nous voulons établir avec certitude, marquer avec précision l'origine, le progrès, la nature complexe, les transformations successives de nos institutions de liberté et de nos traditions d'éloquence politique. Deux choses, selon nous, méritent une attention particulière et doivent ressortir nettement de cet examen rétrospectif : d'abord le goût et l'aptitude de la race pour l'éloquence, sa vocation oratoire, telle que l'attestent les monumens historiques ; en second lieu, son invariable désir, sa volonté souvent manifestée d'intervenir dans le gouvernement de ses propres affaires et d'y introduire, avec l'action de la parole publique, des habitudes de discussion. C'est à ce double signe que se reconnaît dans la mêlée des événemens, à travers la variété des temps et des régimes, le caractère permanent de la tradition libérale ; par ce moyen, on peut distinguer les formes récentes et le fond séculaire des innovations politiques ; on assigne à chaque époque sa part de mérite dans l'œuvre collective et dans le progrès continu. Voilà le travail de recherche, d'analyse, d'explication que nous entreprenons aujourd'hui ; nous voulons savoir, d'après les historiens et d'après les inscriptions, quelles sont les institutions ou les coutumes de liberté, quelles sont les habitudes d'éloquence politique que les Gaulois et les Gallo-Romains ont connues et pratiquées, — ce qui a subsisté de ces coutumes après les invasions, ce que les usages barbares y ont ajouté ou substitué, ce qui s'est ainsi transmis à la France mérovingienne, carlovingienne et féodale pour aboutir aux états-généraux et provinciaux du XIVe siècle, pour y reparaître et s'y développer.

I

La Gaule, au temps de César, comptait environ quatre-vingts états indépendans et souverains, de constitution monarchique ou républicaine. Dans chacun de ces états, il y avait, à côté du roi élu ou du président annuel, un sénat aristocratique, qui partageait le pouvoir avec le chef suprême, une assemblée populaire où l'on nommait les généraux et les magistrats. Il y avait aussi, et c'est là le trait caractéristique de la situation, des partis acharnés à se supplanter, à se proscrire, des factieux omnipotens, des chefs de clientèle révolutionnaire qui, soulevant et soudoyant la plèbe, faisaient échec aux pouvoirs légaux, chassaient les rois, les présidens, les sénats et mettaient à la place des lois leur dictature. C'est ce que César indique avec une expressive simplicité : « Il existe en Gaule, dit-il, des particuliers plus puissans que le gouvernement ; *esse nonnullos qui privatim plus possint quam ipsi magistratus.* » Toujours en travail de quelque tyrannie démagogique, les communes gauloises, *civitates gallicæ*, vivaient dans une perpétuelle agitation entretenue par une discorde profonde. Ce déchirement général, incurable du pays gaulois, si utile aux desseins de l'étranger, avait singulièrement frappé l'esprit observateur de César : « Ici, dit-il encore, la division est partout ;

Charles Aubertin

non-seulement les villes et les bourgades, mais les familles sont pleines de dissensions et de cabales ; chaque maison, comme chaque cité, se partage en plusieurs factions. » C'est là l'exact résumé de ce que nous savons sur laconstitution politique de l'ancienne Gaule ; c'est dans cette anarchie qu'elle s'épuisait et se dévorait elle-même quand la conquête romaine la surprit. Croit-on que les passions surexcitées n'aient trouvé, pour éclater, d'autre expression que les fureurs muettes et les stupides excès de la force brutale ? Est-il vraisemblable que la parole n'ait exercé aucune action sur les crises intérieures des états et qu'elle n'ait pas attisé les feux de ces discordes privées et publiques ?

Chez les peuples primitif, où surabonde une sève d'esprit désordonnée que l'art un jour rendra féconde, la verve d'imagination qui, sous l'empire de certains sentimens, crée une poésie héroïque ou religieuse, peut bien aussi, dans les fortes émotions de la liberté politique, susciter et produire une éloquence irrégulière, spontanée, pleine de chaleur et d'énergie. Les sociétés qui vivent à l'état simple, qui se contentent d'une ébauche de gouvernement et de civilisation, parlent d'autant plus qu'elles écrivent moins ; l'influence personnelle du citoyen sur la cité et des chefs sur la masse n'y est en effet suppléée par rien. A notre avis, les anciens Gaulois, moins policés que les peuples d'origine grecque ou latine, mais très alertes d'esprit et de langage, prompts à s'émouvoir, avaient dans leurs sénats, dans leurs comices populaires, sur leurs places publiques, des discoureurs, des tribuns, des meneurs d'assemblées et des boute-feux de sédition, comme ils avaient dans leurs camps et dans leurs forêts sacrées des bardes pour chanter les héros et les dieux. César a noté l'influence des harangueurs populaires sur le soulèvement des cités. Les personnages puissans et intrigans qu'il met en scène dans ses récits, les Dumnorix, les Indutiomare, les Ambiorix et d'autres, ont presque tous le talent de capter, de diriger et de retenir par d'insidieuses paroles ces multitudes barbares, à l'humeur mobile et turbulente, aux instincts exaltés, capables des emportemens les pi us imprévus, toujours prêtes à briser un despote après l'avoir acclamé. Cette adresse est un des secrets de leur politique, une des ressources de leur ambition aux heures de crise où la confiance du parti hésite, où le vent de la popularité commence à tourner.

I. LES INSTITUTIONS REPRÉSENTATIVES ET LA PAROLE...

On distinguait chez les Gaulois plusieurs sortes d'assemblées publiques : l'assemblée militaire locale ; le conseil de guerre ; l'assemblée ordinaire de chaque cité où se traitaient les affaires ; les comités électoraux ; les réunions des députés d'une même région, représentant les états ligués pour une commune entreprise ; enfin l'assemblée de tout le pays gaulois, qui ne se convoquait que dans les périls suprêmes, lorsque l'indépendance de la Gaule était menacée. Les discours rapportés par César sont, pour la plupart, des harangues militaires ; il en est dans le nombre qui ont un caractère politique marqué et qui révèlent, dans le général d'armée, le chef de parti. On en jugera par un exemple. Vercingétorix, l'élu de la majorité populaire des états, avait à lutter contre l'opposition du parti aristocratique favorable aux Romains : on épiait ses fautes, on exagérait ses échecs, on s'efforçait, par des propos malveillans, d'ébranler le moral des confédérés, si bien qu'un jour, pendant le siège d'Avaricum, il fut obligé de se justifier devant une foule soupçonneuse, qui déjà se croyait trahie. Il expliqua ses opérations, protesta de son dévoûment, offrit sa démission ; puis, voulant frapper un grand coup, il fit avancer de prétendus soldats romains prisonniers qui confirmèrent ses déclarations par un faux témoignage. Quand il vit se produire l'effet qu'il désirait : « Voilà, s'écria-t-il, les services que je vous ai rendus ; grâce à moi, sans verser une goutte de sang, vous avez réduit aux dernières extrémités une formidable armée si longtemps victorieuse ; et c'est moi que vous accusez de trahison ! » Ce mouvement oratoire, habilement préparé, obtint un plein succès. Les Gaulois, poussant des cris d'enthousiasme, entre-choquant leurs armes en signe d'approbation, exaltèrent les talens du général, la sagesse de son plan, et lui jurèrent une obéissance absolue. Un peu d'éloquence et beaucoup d'artifice avaient raffermi le crédit de Vercingétorix et sauvé sa tête. Avec un savoir-faire digne d'un homme politique, cet homme de guerre venait de gagner une bataille de tribune.

Un autre discours, fort remarquable, fut prononcé au conseil de guerre dans Alise assiégée : il s'agissait de décider si la place, à bout de ressources, capitulerait, ou si l'on attendrait, malgré une horrible famine, le secours promis. Un chef arverne, Critognatus, soutint qu'il fallait tout endurer plutôt que de se rendre. César, qui juge trop sévèrement cet avis héroïque en le taxant de cruauté, a

Charles Aubertin

cependant cité le discours en entier et ne s'est pas borné, comme d'habitude, à le résumer. Supposons véritable, au moins pour l'ensemble, le texte contenu dans les *Commentaires* et rapporté par un ennemi : ce discours gaulois ne le cède en rien aux modèles d'éloquence militaire que les anciens nous ont laissés. Les sentimens généreux, les raisons pratiques, les souvenirs du passé, tous les moyens d'émouvoir et de convaincre s'y produisent en bon ordre et se prêtent un mutuel appui : on croit entendre un orateur expérimenté, maître de son sujet, le disposant avec méthode et sachant donner à ses pensées une forme nerveuse et concise. Ce qui nous frappe encore, c'est la sagacité, l'esprit politique de l'orateur barbare. Il a compris que la Gaule est en présence d'un ennemi exceptionnel, et que la domination romaine, savamment organisée, prétend à une durée sans fin. « Fut-il jamais une guerre pareille àcelle-ci ? Quand les Cimbres ravagèrent les champs de nos ancêtres, leur torrent passa et se répandit hors de nos frontières. Il n'en est point ainsi de la conquête romaine ! Elle dure et s'éternise ; elle fait peser sur les contrées où elle s'établit un joug qu'on ne peut plus briser. En doutez-vous ? Voyez cette partie de la Gaule qui n'est pas loin de nous : réduite en province, elle courbe la tête sous les haches consulaires ; elle est écrasée sous une oppression qui ne finira plus. » Critognatus, comme Vercingétorix, nous représente bien ces génies incultes, fort nombreux alors dans le pays gaulois, ces fières natures, de puissante ébauche, qui, à demi cachées sous une rude enveloppe, étonnaient le vainqueur par leur instinctive originalité.

Les historiens grecs et latins, souvent injustes et peu souvent d'accord lorsqu'il s'agit de cette race vigoureuse, sont unanimes à reconnaître en elle le goût inné de la parole publique, une faculté, une vocation oratoire qui la distinguent du reste des barbares. Pomponius Mêla, contemporain de l'empereur Claude, après avoir décrit la religion et les institutions des Gaulois, ajoute : « Us ont aussi une sorte d'éloquence qui leur est propre, *habent et suam facundiam.* » Diodore de Sicile, qui écrivait sous Auguste, caractérise ainsi cette éloquence : « Leur langage est figuré, hyperbolique et subtil ; ils emploient volontiers l'allégorie. Pleins de jactance, ils ne tarissent pas en exagérations sur leur gloire personnelle, en paroles dédaigneuses sur les actions d'autrui. Le ton menaçant de leurs discours s'élève jusqu'à l'emphase tragique. Avec cela, ils ont l'esprit vif et singulièrement disposé à s'instruire. » Ils se civilisent fort vite, dit à son tour Strabon, et « s'appliquent à l'éloquence. » Né l'an 50 avant notre ère, c'est-à-dire à l'époque même de la guerre des Gaules, Strabon avait pu observer de près, dans ses voyages, ce qui restait encore des anciens Gaulois battus par César : c'est lui qui nous fait connaître un usage assez bizarre de leurs assemblées. Lorsqu'un discours était troublé par des cris et des injures, un licteur, l'épée nue à la main, marchait droit à l'auteur de l'interruption et, d'un l'onde menace, lui ordonnait de se taire. En cas de récidive, il réitérait l'avertissement. Si le perturbateur s'obstinait, il lui coupait un large pan de son vêtement, ce qui mettait hors d'usage l'habit tout entier. Voilà le moyen imaginé par les Gaulois pour maintenir l'ordre dans les réunions publiques et pour assurer aux orateurs la liberté de la tribune.

Ils avaient un emblème de l'éloquence que Lucien admira beaucoup lorsqu'il visita la Gaule dans le second siècle de notre ère. Le Dieu qui, chez eux, personnifiait la force physique et le courage guerrier, représentait aussi, par un double attribut, l'art de la Parole : c'était une sorte ; d'Hercule, nommé Qgmios. Dans l'irlandais actuel, dérivé du celtique, l'alphabet primitif s'appelle *oghum*, et l'inventeur de cet alphabet, *Ogma*. Couvert d'une peau de lion, tenant de la main droite une massue et de la main gauche un arc tendu, Hercule-Ogmios traînait à sa suite une multitude d'hommes attachés par les oreilles. Les liens, qui enchaînaient ces hommes étaient d'ambre et d'or, artistement travaillés ; ils partaient de la bouche et de la langue même du dieu : celui-ci souriait à ses auditeurs captifs, et ceux-là, pleins d'enthousiasme pour leur guide, se réjouissaient d'être enchaînés. Le génie de l'ancienne race gauloise éclate dans ce symbole qui unit la vigueur physique à la puissance de l'esprit. C'est là le mot de Caton réalisé : « Les Gaulois ont une double ambition, bien parler et se bien battre. » Leur idéal était le héros éloquent, celui dont le bras et la parole sont également irrésistibles. La numismatique a retrouvé cet emblème. On a des statères gaulois, du IIe siècle : avant notre ère, trouvés dans le pays chartrain, qui nous représentent, Ogmios, avec son cortège et ses conquêtes : tantôt ce dieu est vieux, comme dans la description de Lucien, et personnifie l'éloquence en cheveux blancs ; tantôt il a le

Charles Aubertin

profil jeune, la beauté régulière d'un Apollon. Ce sont les deux âges et les deux saisons de l'éloquence.

Quand la Gaule vaincue reçut la civilisation en échange de son indépendance, les dons heureux qu'elle tenait de la nature, ardemment cultivés, fleurirent et fructifièrent. Dès le temps de Strabon, c'est-à-dire sous Auguste, les villes et les particuliers faisaient venir à grands frais des rhéteurs étrangers autour desquels s'empressait une jeunesse intelligente et curieuse ; la passion du beau langage était si vive chez les Gaulois, selon la remarque du sophiste Thémistius, qu'ils surpassaient en cela les Grecs eux-mêmes : « La vue d'un manteau de rhéteur, dit-il, les attire comme l'aimant attire le fer. » Personne n'ignore ce qu'a produit, pendant quatre siècles, cette noble ardeur, combien d'écoles se sont fondées, combien d'illustres talens ont honoré le nom gaulois à Rome, en Italie et dans tout l'Occident ; mais est-il vrai, comme on le répète, que cette verve oratoire n'ait été qu'une rhétorique brillante et vaine ? Cette exubérance de la parole publique ne nous offre-t-elle que des discours de professeurs et des panégyriques ? Il se présente une objection bien connue : comment la Gaule, réduite en province romaine, aurait-elle gardé la liberté et l'éloquence politiques, lorsque Rome victorieuse et maîtresse du monde les avait perdues l'une et l'autre ? La question est précisément de savoir si cette opinion, passée à l'état de lieu commun, est aussi certaine qu'elle est accréditée. Observons l'aspect général des choses romaines et la situation que nous décrivent les historiens de l'empire : ce premier regard ne nous fait voir, à Rome et dans les provinces, ni l'absence ni l'impuissance de la parole politique. Si le Forum se tait, il existe au sénat une opposition peu nombreuse, mais opiniâtre, sur qui le monde a les yeux fixés, dont les journaux publient les protestations ou signalent l'abstention. Les révoltes des provinces, les séditions de l'armée, l'élévation et le renversement des empereurs commencent et finissent par des discours ; dans ces violentes émotions de la vie publique, c'est l'éloquence qui excite et c'est elle aussi qui apaise. Cérialis reproche aux Lingons et aux Trévires de trop aimer les belles paroles et de se plaire aux déclamations factieuses ; le projet du soulèvement des Gaules est mis en discussion dans l'assemblée des états convoquée à Reims en l'an 70 : des orateurs véhémens et populaires conseillent l'appel aux armes ; les sages leur répliquent, et le parti modéré l'emporte. Il n'est pas un événement grave, pas une circonstance critique de la vie civile ou militaire qui ne fournisse à l'éloquence une occasion. L'auteur inconnu du *Dialogue sur les orateurs* a dit que l'empereur Auguste avait tout pacifié, y compris l'éloquence. Le mot reste vrai, bien qu'on ait le tort d'en forcer la signification. Pacifier n'est pas supprimer. Ce que l'empire a détruit c'est la toute-puissance et l'extrême liberté de la tribune aux harangues. Le monde romain, gouverné sans bruit par la pensée d'un seul, cessa de recevoir l'impulsion des tempêtes que la parole avait si longtemps soulevées sur le Forum. Mais l'éloquence n'est pas réduite à l'alternative d'être tout ou de n'être rien : souple comme la liberté, elle prend mille formes ; elle s'accommode aux situations difficiles et se fait une place dans les constitutions les plus sévères. L'expérience des temps modernes a démontré cette vérité : un examen un peu attentif de l'organisation politique de l'empire la mettra en pleine évidence.

M. Duruy, dans sa belle *Histoire des Romains*, a récemment établi un point très important, mal connu jusque-là ou mal jugé : nous voulons dire l'immense développement, l'existence forte et prospère des libertés municipales sous le gouvernement des empereurs. Jamais peut-être le régime intérieur des cités ne fut aussi libre, aussi largement constitué qu'à cette époque ; jamais le monde, considéré dans son ensemble, ne posséda aussi sûrement et n'apprécia par une jouissance plus longue et plus tranquille les avantages attachés à ce régime. Selon le mot de l'historien, la monarchie impériale était une agrégation de communautés républicaines. Pourvu qu'on respectât l'autorité supérieure du légat impérial, pourvu qu'on rendît à César ce qui appartenait à César, un vaste champ s'ouvrait à l'activité des citoyens hors de ce domaine interdit et sacré : il y avait, dans presque tous les états soumis à l'empire, des assemblées publiques avec un forum et une tribune, des comices populaires qui conféraient les charges et décernaient les honneurs ; la cité ou l'état formait un être complet, ayant tous les organes nécessaires à ses fonctions multiples et, pour principe de vie, la liberté. Cette liberté locale et municipale variait, il est vrai, et se graduait selon la condition particulière des états ; mais elle était grande partout, et nous retrouvons dans l'organisme vivant des cités, presque en tout pays, ces trois élémens de la souveraineté : l'assemblée générale

Charles Aubertin

du peuple, la curie ou sénat et le pouvoir exécutif. L'assemblée populaire faisait les élections et votait sur les propositions des magistrats ; le sénat gérait les affaires courantes, les intérêts journaliers de la cité ; quant au pouvoir exécutif, il était tantôt élu par l'assemblée du peuple, tantôt institué par le sénat. Une telle activité politique exige évidemment et suppose l'exercice fréquent, l'influence constante de la parole publique. Parmi les monumens de ces libertés municipales, on a retrouvé des professions de foi et des affiches électorales, des placards pour ou contre les candidats, des proclamations de la curie avouant ses préférences et pratiquant la candidature officielle : ces élections ainsi disputées provoquaient sans doute un large déploiement de véhémente éloquence. Certaines descriptions nous montrent, dans les séances des sénats provinciaux, les plus jeunes membres, vêtus de la prétexte, qui se tiennent debout en silence au milieu de la curie, délibérant : ce sont des auditeurs ou des stagiaires qui, en écoutant les orateurs, se forment à la discussion. Ausone, faisant l'éloge d'un célèbre professeur de Bordeaux, Minervius Victor, dit que sa chaire a donné mille orateurs au barreau, deux mille à la curie :

Mille foro dédit hæc juveneos ; bis mille senatus

Adjecit numero purpureisque togis.

Voilà une distinction bien marquée entre l'éloquence judiciaire et l'éloquence politique.

Que manquait-il à cette tribune municipale, théâtre des plus hautes ambitions et des plus sérieux talens de la province ? Ce qui lui faisait défaut, ce n'était, selon nous, ni la verve, ni la chaleur, car les passions s'enflamment pour les moindres causes ; c'était surtout, avec la grandeur des sujets, l'ampleur des discussions et l'élévation des sentimens. Il lui manquait l'émotion des suprêmes périls, l'orgueil de la toute-puissance, la séduction des succèsretentissans : l'âme tragique et pathétique qui éclatait dans les crises de la patrie indépendante, qui agitait les foules, qui exaltait les orateurs, s'était retirée de cette éloquence tranquille, bornée dans ses perspectives, contenue dans ses élans ; la main d'un maître avait tracé le cercle que les audaces de la parole ne pouvaient franchir. Plutarque a bien senti cette diminution de l'antique éloquence, lorsque, vers la fin du premier siècle, il a voulu conseiller et diriger les orateurs grecs, ses contemporains. « Je ne vous dirai pas, écrit-il dans ses *Préceptes politiques*, ce que Périclès se disait à lui-même toutes les fois qu'il mettait sa chlamyde pour aller à l'assemblée : Songes-y bien, Périclès, tu commandes à des hommes libres, tu commandes à des Grecs, tu commandes à des Athéniens ! Pour vous, lorsque vous êtes à la tribune, ne perdez pas de vue le tribunal du proconsul ; rappelez-vous que ses pieds sont au-dessus de votre tête. Prenez donc une chlamyde plus légère, et, comme l'acteur, ne sortez pas de votre rôle. » Selon Plutarque, ce rôle devait être avant tout moral et philosophique. Maintenir la concorde entre les citoyens d'un même état, entre les états d'une même province, corriger les lois, veiller sur la prospérité publique ; donner au peuple le bonheur et la paix, puisque la gloire lui est interdite ; consoler les douleurs du patriotisme et prévenir ses imprudences, dissiper les illusions de l'orgueil national, tels sont, dit-il, les devoirs qui s'imposent à l'orateur et les services qu'il peut rendre à son pays.

La philosophie de Plutarque nous semble trop résignée, trop découragée ; l'éloquence de la tribune, même alors, n'était pas tout entière dans ce programme modeste ; ce qui lui restait de liberté autorisait des ambitions plus brillantes et suggérait des résolutions plus viriles. Il ne faut pas réduire les curies antiques aux proportions de nos conseils municipaux ; la curie gouvernait une cité, c'est-à-dire un état, et non une seule ville : les trois provinces de la Gaule, sous l'empire, comptaient soixante cités, dont chacune était plus étendue qu'un de nos départemens. Un ressort aussi large donnait de l'importance à la curie, un certain éclat à ses délibérations ; l'éloquence d'ailleurs n'était pas confinée dans ces assemblées locales, ni réduite à défendre les libertés d'un municipe : des intérêts plus généraux sollicitaient son appui, de plus vastes scènes lui permettaient de déployer sa puissance. Au-dessus de la curie, au-dessus de l'assemblée populaire de chaque état, il y avait l'assemblée provinciale, qui se tenait tous les ans et réunissait les représentons des cités de la province ; on y rédigeait un cahier des vœux et des doléances que des mandataires choisis portaient à Rome et soutenaient de leur parole devant le prince ou devant le sénat. Nous pouvons facilement reconnaître dans cette assemblée l'origine des états provinciaux du moyen âge. Un congrès des députés de toute la Gaule, forme première

Charles Aubertin

de nos états-généraux, complétait ce système représentatif. Supérieur aux réunions provinciales, comme celles-ci l'étaient aux curies municipales, le congrès,*concilium commune Galliarum*, s'assemblait à Lyon, chaque année, au mois d'août, auprès de l'autel de Rome et d'Auguste, dans un amphithéâtre élevé au confluent de la Saône et du Rhône : soixante députés, élus par les soixante cités et chargés d'un mandat impératif, y prenaient place. Là on contrôlait l'administration, on délibérait sur des mesures d'intérêt commun, on discutait la mise en accusation des magistrats gaulois et des légats impériaux ; l'exemple du légat Paulinus, accusé dans le congrès de l'an 225 et défendu par le député de Bayeux, Sennius Solemnis, prouve que le rôle de ces assemblées n'était pas vain et que l'éloquence qui animait ces graves discussions n'appartenait pas au genre démonstratif.

Ce n'était pas non plus une formalité illusoire, une garantie sans efficacité que ce droit des états d'envoyer à l'empereur et au sénat de Rome des députés avec une mission politique ; pour réussir dans ces périlleuses ambassades, qui intéressaient l'honneur et même le salut d'une cité ou d'une province, bien des qualités étaient nécessaires ; il fallait, comme dit Plutarque, « du talent, de l'adresse et de la vigueur. » Pendant les guerres civiles d'Othon et de Vitellius, les légions de Cécina brûlaient et pillaient les cités des Helvètes, qui tenaient pour Othon ; la province leur envoya un député. Celui-ci harangua ces vainqueurs furieux avec une éloquence si pathétique, avec des gestes si expressifs, il les remua et les retourna si bien qu'il fit tomber de leurs mains le fer et la flamme ; il sauva son pays des plus cruelles extrémités. Parfois les magistrats dénoncés en province allaient se défendre eux-mêmes au tribunal de César ou à la barre du sénat. Sous Trajan, un ami de Pline le Jeune, l'orateur gallo-romain Rufin, étant consul ou duumvir de la cité de Vienne, son pays, avait aboli comme immoral et scandaleux un jeu public où figuraient des lutteurs nus. Ses envieux l'accusèrent à Rome d'avoir commis une illégalité. Rufin comparut devant le sénat : sa forte et grave éloquence fit une impression telle que non-seulement il confondit ses accusateurs, mais que le sénat voulait supprimer à Rome et en Italie l'usage aboli à Vienne. Le *Paysan du Danube*, immortalisé par La Fontaine, qu'était-il, sinon l'un de ces mandataires des populations opprimées qui allaient du fond de l'empire jusqu'à César protester contre le brigandage des proconsuls, avec l'espoir, parfois réalisé, de trouver un Marc-Aurèle sur le trône ou d'exciter dans le sénat quelques mouvemens de pitié et d'indignation ? Son discours, résumé vigoureux des harangues accusatrices éparses dans les historiens de l'empire, peut être considéré comme le type et le modèle de cette forme particulière d'éloquence politique dont nous essayons de ressaisir la trace et de ranimer le souvenir.

Quand un orateur avait été assez éloquent, assez heureux pour faire triompher à Rome la cause de sa patrie, il devenait aussitôt un personnage. Le monde entier apprenait son nom et sa victoire par les *Acta diurna populi romani* ; ses concitoyens lui élevaient une statue, et la curie proclamait, par un décret public, qu'il avait bien mérité de la cité ; selon le mot du *Dialogue sur les orateurs*, il traînait après lui, comme un cortège, la clientèle des municipes, des colonies et des provinces. Remarquons ici une contradiction singulière de ce dialogue célèbre : au commenceraient, l'auteur déplore la ruine et l'impuissance de l'éloquence politique ; à l'en croire, le nom même d'orateur aurait presque disparu du langage des hommes ; mais un peu plus loin, lorsqu'il compare la gloire de l'éloquence à celle de la poésie, son enthousiasme ne trouve pas d'expressions assez fortes pour décrire les puissans, effets du talent de la parole, le crédit qu'il donne auprès du prince et du peuple, les transports d'admiration qu'il provoque, le patronage éclatant dont il couvre des nations entières. « Quoi ! dit-il, un homme qui a reçu le don de cette virile et retentissante éloquence ira-t-il se consumer dans les obscurs labels de l'art, des vers, lorsqu'il lui serait si facile de conquérir des nations et de s'attacher des provinces ! A peine l'orateur a-t-il franchi le seuil de sa demeure, quel éclat l'environne ! Quel concours de citoyens en toges se presse autour de lui ! Son nom est celui que les pères redisent à leurs fils et qu'ils gravent dans leurs jeunes esprits : c'est lui que le vulgaire illettré et le petit peuple en tuniques signale au passage avec vénération et montre du doigt avec orgueil. Les étrangers, les voyageurs qui déjà ont entendu parler de lui dans leurs municipes et leurs colonies, le cherchent dès leur entrée à Rome et sont impatiens de connaître ses traits et sa personne. » Certes, ce n'est pas l'éloquence du barreau toute seule qui pourrait à ce point enlever l'opinion et briller d'une

Charles Aubertin

telle splendeur de renommée : à l'importance du rôle qui nous est décrit, à la grandeur des services rendus, à l'ardente unanimité des applaudissemens et des ovations, il faut, reconnaître les triomphes ordinaires de l'éloquence politique.

Le témoignage des inscriptions confirme les textes historiques et justifie les conjectures que ces documens nous ont suggérées. Il y est fait mention très fréquemment d'honneurs accordés aux citoyens éloquens et courageux qui ont rempli une mission à Rome avec succès. On les qualifie de titres différens. Il y a « les avocats du peuple ou de la république, » *advocati reipublicæ vel populi*, qui sont devenus plus tard « les advoués » des communes et des églises au moyen âge ; « les défenseurs des municipes, » *defensores municipiorum*, « les patrons des colonies, » *patroni coloniarum*, « les orateurs des villes, » *oratores urbis* ; on vante leur intégrité, leur dévoûment, leur fermeté, leur éloquence ; on exprime sous toutes les formes la reconnaissance publique ; ceux d'entre eux qui se sont distingués par le nombre et l'éclat de leurs ambassades, ceux qui ont rendu gratuitement ce grand service à l'état, reçoivent pour récompense, non pas un simple décret de la curie, mais l'insigne honneur d'une statue en marbre ou en bronze doré votée par le peuple et payée par le trésor. Le piédestal de ces statues est couvert d'éloges, dont la vivacité atteste encore aujourd'hui l'enthousiasme que ces orateurs avaient excité. Quoi qu'en dise l'auteur du *Dialogue*, le nom d'*orateur* n'a disparu ni de la langue littéraire ni de la langue politique ; les inscriptions nous le présentent aussi souvent que celui de *patronus causarum* et de *causidicus*. Tantôt il est seul et s'emploie absolument, tantôt il se joint à d'autres titres qui l'expliquent. Certains personnages sont loués à la fois de leur talent oratoire et de leurs facultés poétiques ; il est des inscriptions trouvées dans les sables d'Afrique, sur le bord des sources où jadis s'élevaient des cités, qui comparent l'éloquence abondante des orateurs aux flots limpides et bienfaisans de la fontaine voisine. Nous voyons, au IIIe siècle, un de ces orateurs africains soulever le peuple contre le tyran Maxime par un discours que Capitolin nous a conservé. Ce ne sont pas seulement les orateurs de profession qui sont cités dans les inscriptions ; si quelque magistrat, quelque légat ou proconsul, quelque général brille par son éloquence, on a soin d'en informer la postérité. Le sénat et le peuple romain, en

334, votent une statue dorée à un préfet de Rome qui s'était montré censeur intègre et qui joignait à tous ses mérites l'art de bien parler.

Dans les camps où fermentaient les passions et les ambitions politiques, où se faisaient et se défaisaient sans cesse les gouvernemens, l'ascendant de la parole croît à mesure que le désordre augmente et que la discipline militaire s'anéantit. Les empereurs sont des chefs de parti, des factieux parvenus qui ont besoin d'agir sans relâche sur leurs adhérens pour apaiser les exigences, stimuler les dévoûmens, prévenir les trahisons ; leur rhétorique, verbeuse et tribunitienne, pleine de tirades, qu'un historien compare au son du clairon, est accueillie par des manifestations immodérées. Les soldats s'agitent, crient, gesticulent à la façon des multitudes démagogiques ; leur violence rappelle le tumulte des scènes révolutionnaires, ce qui n'a rien d'étonnant, puisque la révolution est en permanence dans l'armée. Quelquefois le peuple est admis ou invité à unir sa voix à celle des soldats, à venir appuyer de son suffrage et de ses applaudissemens les généraux insurgés qui posent leur candidature à l'empire du haut de la tribune militaire : témoin l'assemblée que Julien convoqua à Paris, près des Thermes, lorsqu'il se déclara contre Constance. Il s'était composé un auditoire de plèbe et de soldatesque, dit Ammien Marcellin.

Le régime impérial avait donc modifié, mais n'avait pas détruit l'antique puissance de la parole, le rôle agissant et prépondérant de l'orateur politique. Jamais l'art de bien dire ne fut plus cultivé, et cet art n'était pas seulement la parure et l'amusement d'une société désœuvrée ; il continuait d'être un moyen d'influence et de gouvernement ; il dirigeait les assemblées, s'imposait à la force, tempérait et dominait le despotisme lui-même. Comme autrefois, il élevait aux honneurs, menait à la fortune et donnait la gloire. Mis en évidence par des documens nombreux et certains, ce fait, à son tour, nous aide à comprendre la situation florissante des écoles et des études sous l'empire, le goût passionné de la jeunesse pour la rhétorique, la célébrité de cet enseignement, l'essor d'activité littéraire qui s'est soutenu pendant quatre siècles, et dont on a si souvent décrit les effets sans en bien connaître la cause. Croire que cette ardeur et cette émulation des esprits ne tendaient qu'à briller dans une sorte d'éloquence officielle et académique, s'imaginer que

Charles Aubertin

tant d'écoles se sont fondées en Gaule, en Afrique et sur tous les points du monde romain, uniquement pour susciter et produire des panégyristes, ce serait une singulière méprise. Les élèves qui se pressaient au pied de la chaire des rhéteurs en renom étaient, pour la plupart, — Ausone le dit dans son *Poème sur la Moselle*, — des candidats à l'éloquence politique ; ils venaient se former à un art sérieux, s'exercer à des luttes difficiles où l'on se disputait les plus nobles prix qui puissent exciter l'ambition des hommes. Étudier l'éloquence était déjà une première distinction et comme un premier titre à la renommée ; ce titre, *studiosus eloquentiœ*, qui nous est indiqué par les inscriptions, se gravait sur la tombe des jeunes gens de grande espérance que la mort avait prématurément enlevés.

Les professeurs eux-mêmes, ces rhéteurs à la parole sonore, au style abondant et coloré, ces personnages qu'Ausone a si vivement décrits dans leur importance magistrale, et qu'il nous représente comblés de tous les dons de la fortune comme de toutes les faveurs des cités, la politique s'en emparait dès qu'ils s'étaient enrichis au barreau et distingués dans l'enseignement. Ils briguaient les ambassades, les missions oratoires qui les envoyaient à Rome se faire un nom et se désigner au choix du prince ; ils se poussaient aux suprêmes honneurs en traitant les affaires publiques ; ils devenaient préteurs, consuls, gouverneurs de province, présidens de tribunaux, et pouvaient, dire comme Ausone : « Ma férule régente le sceptre des rois. » Dans cette société gallo-romaine, profondément pénétrée de civilisation grecque et latine, deux sentimens remplissaient les cœurs : l'amour du pays gaulois, de la cité natale où s'ébauchaient les réputations, où brillait le premier rayon de gloire, et en même temps une admiration tendre et exaltée pour la ville souveraine, incomparables, centre éclatant de la puissance, foyer de vie et de lumière dont les reflets se projetaient sur le monde entier. « J'aime Bordeaux, disait ce même Ausone, mais mon affection pour Rome est un véritable culte ; Bordeaux : est ma patrie, mais Rome l'emporte sur toutes les patries :

Diligo Burdigalom, Romain colo…

Hæc patria, est ; patries sed Roma supervenit omnes. »

Voilà l'expression vive et sincère de l'ultramontanisme laïque du

IVe siècle.

Les institutions représentatives de la Gaule romaine sont-elles tombées d'une chute violente et brusque sous le choc des invasions barbares ? Ont-elles péri sans retour avec la domination impériale ? Leur ruine, à notre avis, n'a été ni si rapide ni si profonde. Elles ont résisté, comme les lois, comme les mœurs, comme la civilisation ; elles se sont affaiblies et modifiées peu à peu sous la pression des nécessités nouvelles : c'est en subissant une série de changemens qu'elles ont disparu ; elles sont mortes en donnant naissance à des coutumes qui les ont remplacées. Aux assemblées régionales de l'époque gallo-romaine succédèrent, dans chaque diocèse, des « conciles » où figuraient les grands du pays et les évêques ; l'auteur de la très savante histoire du Languedoc, dom Vaissette, remarque judicieusement que « ces conciles ou plaids rappellent les assemblées provinciales qu'on tenoit du temps des Romains. » L'usage de ces réunions, souvent mentionné par les historiens, n'a jamais cessé ; l'élément bourgeois, le tiers-ordre y fut admis d'assez bonne heure, et ainsi s'organisèrent les états provinciaux, bien avant la convocation des états-généraux de 1302. Les villes conservèrent le droit d'envoyer au prince des députations politiques ; quant aux curies municipales, leurs attributions, réduites et diminuées, mais non supprimées, n'ont repris de l'importance qu'à l'époque de l'affranchissement général des communes. Pendant l'intervalle, les anciens décurions s'étaient transformés en magistrats municipaux, « maires, échevins, jurats et capitouls, » absolument comme les sénateurs et les grands propriétaires du Ve siècle, en se mêlant aux ducs et aux comtes d'origine barbare, avaient contribué pour une bonne part à constituer la noblesse nouvelle qui fonda, quelques siècles après, le régime féodal.

Il existe donc une tradition de souvenirs, de principes et d'habitudes politiques qui passe du régime gallo-romain au moyen âge et qui les unit par un lien secret, mais certain : on l'aperçoit, on la devine à travers la confusion des événemens et la sèche obscurité des chroniques. D'un autre côté, les barbares ont apporté dans la Gaule quelques semblans d'institutions représentatives, d'antiques coutumes nationales semblables à celles que nous avons observées chez les Gaulois du temps de César. Ces coutumes germaniques entreront un jour dans l'organisation féodale, et, se réunissant ensuite aux souvenirs vivaces, aux débris subsistans du régime gallo-romain, formeront la base des institutions inaugurées par la monarchie française au commencement du XIVe siècle. Considérons maintenant ce second aspect de notre sujet et cet autre élément de l'ancien droit public de notre pays ; mettons en regard des conceptions savantes que nous venons d'examiner les rudimens grossiers d'une liberté primitive. Marquons les plus saillans caractères de ces assemblées des Francs où tant de publicistes ont placé les origines du système représentatif. Dans le vaste changement de scène que nous présente l'époque des invasions, une nouvelle espèce d'hommes s'est emparée du gouvernement des choses humaines : poussée par la loi mystérieuse du progrès, elle va commencer la longue série des évolutions et des expériences d'où sortira la civilisation moderne.

II

Un trait particulier du monde étrange et désordonné que nous décrit Grégoire de Tours mérite, avant tout, d'être signalé : cette barbarie conquérante, ivre de pouvoir et de butin, cette race, dont la victoire surexcite les instincts féroces et perfides, n'a point l'humeur silencieuse ; elle ne commet pas le crime avec une morne atrocité. Les passions indomptées qui l'agitent, les cupidités inassouvies, les colères, les haines implacables, toutes les énergies malfaisantes qui se remuent dans son sein, éclatent et se répandent en paroles fougueuses, en saillies violentes ; les scènes de meurtre et de pillage qui remplissent son histoire sont coupées de dialogues, d'altercations et de discours. Les chefs de bandes s'interpellent sur les champs de bataille avant le combat, ou du haut des rem parts avant l'assaut ; les femmes se jettent dans la mêlée, l'injure ou la prière à la bouche ; les envahisseurs haranguent les peuples dont ils ravagent le pays : tout ce monde effréné, sans cesse en mouvement et en action, parle, comme il agit, avec emportement. Les récits qui nous en présentent l'image ont l'intérêt et la variété pittoresque d'un poème : on croirait déjà lire les chansons de geste. Parmi tant de manifestations spontanées des sentimens individuels et de l'opinion de la foule, nous ne voyons rien ou presque rien, pendant tout le VIe siècle, qui indique nettement des habitudes constantes de discussion publique sur les affaires de l'état ou la convocation périodique d'une assemblée générale. Clovis, avant de s'emparer du royaume des Francs ripuaires, vacant par la mort de Sigebert, harangue les habitans de Cologne et se fait élever sur le pavois au milieu des applaudissemens que son discours a provoqués. Thierry Ier, roi d'Austrasie, sollicitant le secours des leudes de Clotaire son frère contre les Thuringiens, se rend à la revue du printemps, au « parlement fervestu ; » il enlève l'adhésion des guerriers par une allocution chaleureuse qui nous est un exemple des discours tenus dans les réunions du champ de Mars et du champ de Mai. Sous le règne de Chilpéric un concile d'évêques est convoqué à Paris. Le roi les reçoit, dit Grégoire de Tours, « auprès d'une cabane faite de ramée, » et leur offre un « bouillon de volaille et de pois chiches, » que plusieurs refusent, par crainte du poison. De longs discours sont prononcés dans le synode. Gontran, roi d'Orléans, tient un plaid solennel auquel assistent les députés des états voisins ; la discussion s'aigrit et s'échauffe : « Puisque tu ne veux pas rendre les cités qu'on te demande, s'écrient les députés, nous savons que la hache est entière qui a tranché la tête à tes frères ; elle te fera bientôt sauter la cervelle. » Gontran, pour toute réponse, fait jeter à la tête des députés « du fumier de cheval, des herbes pourries, de la paille, du foin, de la boue puante des rues de la ville. » Voilà l'éloquence des barbares et les mœurs parlementaires du VIe siècle. En tout cela, nul indice bien précis d'institutions régulières ou même d'usages établis : ce sont de purs incidens, que le hasard produit, que la circonstance amène ; l'intérêt seul du moment a provoqué ces réunions et ces discours. Les premiers Mérovingiens ont l'air de négliger le principe germanique de la délibération commune sur de communs intérêts ; ils laissent tomber en désuétude les coutumes séculaires de leur pays. Il semble que l'immense désordre des invasions ait troublé et désorganisé les envahisseurs à l'égal des peuples envahis. Sous le roi Sigebert d'Austrasie, disent les chroniques, les leudes se plaignaient de n'être plus convoqués ni consultés sur rien.

Dans le siècle suivant, les usages nationaux, passagèrement abandonnés, reprennent faveur. Dagobert, en 635, réunit un

Charles Aubertin

« parlement des seigneurs et des prélats du royaume ; » il parut au milieu d'eux avec une couronne d'or sur la tête, s'assit sur un trône d'or et prononça un long discours que son biographe a conservé ou supposé. Son fils Clovis II l'imita ; on nous le montre convoquant une assemblée générale « en la ville de Clichy, » l'année 654, « pour traiter des communes besoignes du royaume, » et parlant en public avec l'appareil et le cérémonial adoptés par Dagobert. Sous la dynastie carlovingienne, bien plus fidèle que la précédente à l'esprit germanique, l'antique réunion du champ de Mars, transportée au mois de mai, devient une institution fixe et régulière, un instrument de règne, un ressort de l'état. Pépin le Bref, Charlemagne et leurs successeurs rédigent leurs capitulaires dans l'assemblée de la nation, *in plena synodo, in generali populi conventu* ; en toute affaire d'importance, intéressant le salut de la patrie et l'utilité des Francs, *pro salute patriæ et utilitate Francorum*, ils prennent conseil des grands et des hommes libres, *per cosilium Francorum et procerum suorum agebant*. La Chanson de Roland a traduit ce texte des chroniqueurs latins du VIIIe siècle sur Charlemagne :

Ses barons mande pour son conseil finer ;

Par ceux de Franco voet-il de tout errer.

On ne compte guère moins de cent assemblées plénières tenues par les Carlovingiens ; elles se réunissaient deux fois par an dans les temps calmes et prospères de l'empire : une lettre célèbre d'Hincmar, écrite en 882 d'après un document officiel de 826, nous fait connaître les travaux ordinaires et le degré d'influence de ces parlemens.

On a remarqué que la volonté du prince et son impulsion y décidaient presque tout ; à lui seul appartenait l'initiative de l'action et de la parole : il avait le premier mot et le dernier. C'est précisément le rôle prépondérant, la situation dominante que gardera la royauté capétienne dans les futurs états-généraux. Sauf de rares exceptions, les assemblées politiques en France n'ont été, jusqu'en 1789, que de solennels comités consultatifs. Déjà s'annonce dans les parlemens carlovingiens ce qui sera et s'appellera un jour la séparation des trois ordres. L'aristocratie ecclésiastique et laïque, se dégageant de la foule confuse des hommes libres, du tiers-ordre de l'armée et des fonctionnaires impériaux, siégeait à part en deux groupes distincts qui délibéraient tantôt isolément, tantôt réunis dans le conseil du prince, avec les grands-officiers et les ministres de la couronne. Les historiens contemporains mentionnent exactement ces réunions ; ils en indiquent chaque fois la composition et l'importance ; ils notent le résultat de leurs délibérations, le lieu où elles se tenaient, lieu variable, désigné par le prince : ils disent si le plaid était une simple réunion aristocratique, un conseil des grands, ou bien une assemblée plénière, mais circonscrite dans une région déterminée, quelque chose comme des états provinciaux, ou bien enfin une convocation générale des hommes libres de l'empire, car un plaid pouvait avoir l'un ou l'autre de ces trois caractères. Figurons-nous une de ces assemblées générales, un de ces parlemens armés, aux époques florissantes du puissant empire d'Occident : le coup d'œil assurément était des plus pittoresques ! Les poètes latins du IXe siècle aident notre imagination à se représenter la réalité, à lui rendre la vie et la couleur. « On y voyait, dit Ermold le Noir, des milliers de Suèves à la blonde chevelure venus d'au-delà du Rhin ; les phalanges saxonnes armées de carquois et les troupes de la Thuringe marchaient à leur suite. La Bourgogne envoyait une brillante jeunesse qui renforçait les guerriers des Francs ; mais redire les peuples et les immenses nations de l'Europe rassemblés dans le même lieu serait une tâche impossible. »

Charlemagne, qui aimait à parler et qui parlait bien, haranguait souvent ces assemblées et dirigeait en personne les délibérations du conseil : son éloquence avait pour traits distinctifs la force, l'abondance et la clarté. « Il s'exprimait avec une admirable netteté sur toutes choses, » dit Éginhard. C'est le mot des chansons de geste : *Bien scet parler et dreite raison rendre*. « Il était si emparlé et sage en paroles, ajoutent les *Grandes chroniques*, qu'il sembloit que ce fust un grand clerc et un grand maistre. » Si l'on peut s'en fier aux poétiques descriptions d'Ermold le Noir, qui, écrivant pour les contemporains, ne pouvait pas trop mentir, ni la vivacité ne manquait aux discussions, ni l'étendue aux discours prononcés. Quand le prince, « couvert des insignes impériaux, assis sur un trône d'or, » avait ouvert la séance par une allocution et demandé l'avis de l'assemblée, celui qui avait quelque chose à dire quittait sa place et, fléchissant le genou devant l'empereur, baisait sa sandale :

Charles Aubertin

il parlait ensuite ; l'assemblée applaudissait ou murmurait, et si l'empereur était absolument satisfait du discours, il donnait l'accolade à l'orateur en signe d'approbation. Nous pouvons donc nous faire une assez juste idée de ce qu'était une session parlementaire au IXe siècle.

La révolution féodale change de nouveau la face de l'Occident. Le pouvoir central est détruit, les assemblées générales disparaissent avec l'organisation politique qui les rendait possibles ; la représentation nationale se morcelle comme la souveraineté : il n'y a plus en France que des seigneuries indépendantes et des parlemens de barons. Tous ces grands feudataires, usurpateurs des droits régaliens, tiennent leurs assises semi-judiciaires, semi-politiques, aux bonnes fêtes de l'année ; ils ont leur cour où les vassaux sont convoqués pour renouveler l'hommage, pour apporter des présens et pour entendre l'exposé des entreprises que le suzerain médite. Le droit de délibérer et de discuter sur les intérêts généraux s'exerce dans des conditions différentes, mais il n'est point aboli ; on dirait au contraire que le triomphe de l'oligarchie a donné plus de vigueur aux institutions représentatives, du moins sous leur forme aristocratique ; l'action de la parole se fait sentir à ces assemblées avec une force et une liberté qui d'abord nous étonnent. Nous le déclarons sans paradoxe : il existe, même à l'époque féodale, une éloquence politique.

Dans les *Assises de Jérusalem*, où respire le pur esprit.de la féodalité, un seigneur qui a passé sa vie à se battre et à plaider, homme de guerre et homme de chicane tout ensemble, Philippe de Navarre, auteur d'une partie de ce remarquable écrit, vante l'habileté dont il a si longtemps fait preuve devant les tribunaux ; il cite avec orgueil les hauts et puissans personnages, ses maîtres dans l'art de persuader, qui, dit-il, par leur savoir, leur expérience, « leur sens aigu et subtil, ont acquis de grands biens, de grands honneurs et sont demeurés en bonne et durable mémoire. » Or ces barons et ces chevaliers, qui avaient blanchi dans le métier des armes, qui avaient assisté aux plus terribles batailles, aux plus fameux sièges de leur temps, et qui cependant tiraient vanité de leur adresse à soutenir une cause en justice, reconnaissant que les succès de parole avaient plus fait pour leur gloire et pour leur fortune que toutes leurs prouesses guerrières, est-il vraisemblable qu'ils aient dédaigné et négligé le talent, plus noble encore et non moins utile, de parler avec autorité dans les conseils d'affaires et de discuter victorieusement en pleine assemblée les questions politiques ? Les terribles batailleurs que nous décrivent les chansons de geste sont aussi de grands parleurs qui ont un goût naturel pour toutes les formes du discours public. Leur courage, comme celui des Gaulois, ne saurait se passer d'esprit. C'est un héroïsme de noble race à qui ne suffisent pas les stimulans grossiers, les impulsions vulgaires : il se détermine par des mobiles plus relevés ; il veut qu'on lui parle la langue de la raison et de l'honneur, Quelque gloire qui s'attache aux grands coups frappés par un bras vigoureux, cette supériorité matérielle est loin d'opprimer et d'anéantir l'autre, celle que donne l'intelligence : le guerrier accompli les réunit et les réconcilie en sa personne. Comme un Grec de *l'Iliade*, il sait se montrer intrépide sur le champ de bataille, sage dans le conseil, adroit dans ses discours. Bien dire est une partie de la perfection chevaleresque et de l'idéal du gentilhomme. Aussi ne connaissons-nous pas un seul poème épique au moyen âge où ne se rencontrent des exemples fréquens de harangues militaires, de sermons, d'oraisons funèbres, de délibérations politiques et de plaidoyers, en un mot une vive et légère esquisse de tous les genres oratoires. On nous objectera que ce sont là des peintures de fantaisie. Nous répondrons que nos trouvères ont naïvement décrit et versifié les scènes que la vie réelle offrait à leurs regards, et nous appliquerons ici une réflexion de Cicéron sur Homère, faite à propos des origines de l'éloquence grecque : « Si ce poète, dit-il, a tant vanté les discours de Nestor et d'Ulysse pendant la guerre de Troie, c'est évidemment parce que l'éloquence était florissante dès ce temps-là. » Disons, nous aussi, que nos trouvères auraient moins souvent célébré les guerriers « bien emparlés, » et les auraient placés dans un rang moins illustre, s'ils n'avaient pas été témoins des applaudissemens et des honneurs dont les comblaient leurs contemporains. La poésie, qui peint les mœurs, se garde bien d'exalter ce que la société méprise.

Les chroniques en prose confirment ces poétiques indications. Dans l'histoire comme dans la fiction, les chefs d'empire et les chefs d'armée possèdent presque tous le don de la parole persuasive. Cette éloquence n'ajoute pas seulement une grâce et un prestige au dur éclat de ces héros farouches ; elle double leur puissance, car

Charles Aubertin

c'est elle, bien souvent, qui assure le succès des entreprises et fixe la fortune des combats. Quesnes de Béthune, dans Villehardouin, est en mille rencontres critiques le sauveur de l'armée et sa providence, grâce aux fécondes ressources de son intelligence déliée et de sa parole toujours prête : ambassades, négociations, conseils de guerre, tout roule sur lui ; l'expédition n'avance qu'autant qu'il lui fraie la voie par son expérience avisée et par l'adresse de ses discours. Le doge de Venise, Dandolo, décide également par un discours ses concitoyens à s'unir aux Francs ; la guerre est votée en assemblée populaire, après force harangues, comme aux plus beaux temps des républiques de l'antiquité. Guillaume de Tyr cite plusieurs discours de Godefroy de Bouillon aux croisés ; le brillant portrait qu'il fait de Baudouin III, quatrième roi latin de Jérusalem, prince éminent par les qualités de son esprit et par la beauté de sa personne, contient cette mention : « Sa parole abondante et vive lui donnait une supériorité incontestable sur tous les autres rois. » Quoique la nature presque seule parle en ces harangues primitives, et que l'inspiration personnelle y soit toute l'éloquence, leur brièveté forte et sensée dit bien ce qu'elle veut dire ; les principes de l'art y sont parfois devinés et appliqués, la simplicité un peu nue du style est relevée par un accent de bonhomie malicieuse et par certaines familiarités pittoresques dont les harangues de Henri IV continueront la tradition. Baudouin Ier, empereur de Constantinople, marchant contre les Bulgares, crie à ses chevaliers : « Que chacun de vous soit un faucon et que nos adversaires ne soient que des éperviers bâtards. » Villehardouin, présent à la bataille, fait aussi son discours : « Souvenez-vous des preudhommes anciens cités dans les histoires ; celui qui mourra pour Dieu aujourd'hui, son âme s'en ira toute fleurie au paradis. » Une mâle concision, tempérée de courtoisie, comme dit le poète, et « de beaux mots polis, » caractérise presque toujours ces improvisations du champ de bataille. Roland, enveloppé par l'immense cavalerie des Sarrasins, rappelle aux siens en quelques vers énergiques les devoirs du loyal combattant, du vassal fidèle à son suzerain : « Pour son seigneur, dit-il, on doit souffrir grands maux, endurer le chaud et le froid, perdre de son sang et de sa chair. Frappez de vos lances, et je frapperai de Durandal, ma bonne épée, que m'a donnée le roi. Si je meurs, celui qui l'aura pourra dire qu'elle appartenait à un noble vassal ! » C'est dans l'un de ces généreux transports, dans l'ivresse d'héroïsme familière à ces bouillantes natures qu'Hugues de Belin, guerrier du cycle des « Loherains, » laisse échapper cette saillie d'éloquence admirablement exprimée par l'un des plus beaux vers de notre langue : « La vraie richesse, ce ne sont ni les belles fourrures, ni les étoffes précieuses, ni l'argent, les forteresses et les chevaux qui la donnent ; elle est tout entière dans la fidélité éprouvée d'amis intrépides :*le cœur d'un homme vaut tout l'or d'un pays.* »

Ainsi parlaient ces barons des siècles de fer, ces hommes « au front hardi, » à l'âme impétueuse, dont la vie était emportée et dévorée par la passion de l'aventure et du danger. Les scènes orageuses des assemblées qui les réunissent et les mettent aux prises, soit pendant la paix, soit pendant la guerre, ont été vivement décrites dans les documens contemporains. Un parlement guerrier se tient d'ordinaire dès le matin, au lever du soleil, « après messe et matines, » dans le verger d'un château ou d'une abbaye, ou bien à cheval au milieu des champs. Le suzerain, roi ou chef d'armée, pose la question à débattre et déduit ses raisons ; quand il a fini, les barons prennent à leur tour la parole ; les répliques se croisent, les mots vifs, les gestes menaçans partent de tous côtés : ceux qui se croient blessés dans leur orgueil, menacés dans leur ambition, bondissent de fureur ; ils « saillent en pieds, » s'interpellent, se provoquent, en tirant à moitié leur épée du fourreau ; le parlement retentit d'éclats de voix et d'outrageux propos. Si c'est dans les festins royaux ou seigneuriaux que la querelle s'engage, aux longues tables dressées dans la salle pavée et voûtée « où flairent soüef le lys et la rose, » nos véhémens discoureurs, a la face rougie de mautalent, » se lancent à la tête les couteaux d'acier, les quartiers de chevreuil et les cygnes « empoivrés » dont la table est garnie jusqu'au moment où le roi résume les débats, quand il le peut, et calme « la noise et le butin. » Parfois il arrive que la minorité, battue et mécontente, fausse compagnie à la majorité et retourne en son pays ou poursuive l'entreprise par une autre voie : la croisade de 1202, qui fut décidée par un parlement tenu dans le verger de l'abbaye Sainte-Marie de Soissons, nous offre un exemple de ces dissentimens graves aboutissant à une séparation. Au début de la chanson du « Loherain » Garin, nous voyons s'ouvrir à

Charles Aubertin

Lyon un de ces « conciles » de seigneurs et d'évêques qui avaient remplacé les *conventus provinciales* de l'époque gallo-romaine et qui ont formé, on l'a dit plus haut, les états provinciaux des XIIIe et XIVe siècles. Plus de trois mille clercs, évêques ou abbés, nous raconte le poète, et un pareil nombre de barons se sont réunis dans la cité « assise sur le Rosne ; » il s'agit de savoir si le clergé, aidant la noblesse à s'armer et s'équiper, soutiendra de ses deniers une croisade contre les Sarrasins qui ravagent le pays. La discussion s'irrite et se prolonge ; le clergé défend ses immunités, il n'offre que ses prières : *Nous prions Dieu pour tretous vos amis* ; enfin le légat du pape intervient et contraint l'église à céder les dîmes pour sept ans et demi.

Nous arrivons à des temps moins poétiques et d'un sérieux tout moderne. Vaincue et dépouillée au Xe siècle, la royauté, par une conduite habile et ferme, a reconquis la France sur les hauts barons et reconstitué l'unité nationale. En 1302, elle convoque les états-généraux ; mais après cette longue histoire des traditions libérales du passé, qui ne voit que l'acte hardi de Philippe le Bel n'introduisait en France aucune nouveauté, et qu'il remettait simplement en vigueur, sous une forme nouvelle, des usages aussi anciens que notre pays ? Dans ce rajeunissement des assemblées plénières de l'époque carlovingienne, tous les droits créés par le temps étaient représentés ; tous les modes de réunion publique usités jusque-là venaient se résumer et se compléter ; la royauté y reprenait la situation prépondérante qu'elle avait tenue dans les anciennes assemblées, et les états du XIVe siècle, comme ceux du VIIIe et du IXe, étaient réduits à la double fonction de donner leur avis et d'apporter leur argent. L'apparition des états provinciaux sur une partie du territoire, l'extension donnée aux franchises séculaires des communes signalaient, en outre, comme un réveil de l'indépendance locale dont la Gaule, surtout la Gaule du midi, avait joui sous la domination romaine, et qui, partout affaiblie, contrariée, par une succession de despotismes variés, n'avait entièrement disparu ni péri nulle part.

Le XIVe siècle voyait donc se produire une résurrection, un épanouissement de tous ces germes de liberté passagèrement étouffés sous les ruines accumulées ; il cédait, dans ses apparentes audaces, dans ses prétendues innovations, à l'impulsion secrète, irrésistible d'un ensemble de traditions et de coutumes dont nous avons exposé les lointaines origines et les fortunes diverses : il s'inspirait, à son insu, de cette puissante continuité du souffle libéral qui, à travers tant d'épreuves subies, n'avait jamais cessé d'animer notre pays, de faire vibrer son cœur et d'éclater en sentimens nobles et fiers par l'énergie de la parole publique. Quelle influence les états-généraux exerceront-ils, à leur tour, sur l'éloquence politique française, sur l'éducation virile du génie de notre race ? Quelle action efficace, quel rôle utile ou brillant la réunion solennelle des trois ordres va-t-elle réserver et permettre à la parole ? Ces états, qui remontent si haut et si loin dans le passé sous leur forme primitive, ont duré, comme institution, jusqu'à l'établissement de nos libertés modernes : la dernière page de leur histoire est la préface de 1789 ; leur souvenir reste gravé et conservé, en traits ineffaçables, à la base même de nos gouvernemens démocratiques ; dans cet espace de plusieurs siècles, quels orateurs ont-ils suscités ? quels monumens témoignent des talens qu'ils ont mis en lumière, de la science politique qui s'y est révélée et développée, du courage civil et des fermes convictions qui ont illustré leurs débats ? S'ils ont bien mérité de notre pays par leur résistance aux égaremens, aux corruptions du pouvoir absolu, ont-ils pareillement honoré les lettres françaises par quelques hautes inspirations, dignes d'échapper à l'oubli ? C'est ce que nous éclaircirons dans une seconde et prochaine étude.

II. LES ORATEURS DES ÉTATS-GÉNÉRAUX

La parole, dans les états-généraux, intervenait et se manifestait sous deux formes très distinctes : l'une, prétentieuse et solennelle, empanachée des modes extravagantes du faux goût contemporain ; l'autre, d'une simplicité pratique, ayant la verve, l'audace négligée et la puissance rapide de l'improvisation. Ces deux sortes de discours public, dont le contraste rappelle le mot de Pascal : « La vraie éloquence se moque de l'éloquence, » ne nous sont pas également connues ; la première seule, pour laquelle on eût préféré l'oubli, a pris soin de perpétuer jusqu'à nous le fastueux souvenir de ses ridicules : on possède les harangues d'ouverture et de clôture, « aux longueries d'apprêt, » qui faisaient partie du cérémonial

Charles Aubertin

des grandes séances et continuaient, dans un français mêlé de scolastique et de bel esprit, la tradition des panégyriques de l'époque gallo-romaine. Rien, au contraire, ou presque rien ne subsiste des discours vraiment éloquens et vraiment politiques, improvisés dans la chaleur des débats et que le pédantisme n'avait pas le temps de gâter ; ceux-là ont tout fait, tout décidé ; ils ont soutenu les motions hardies, enlevé les votes importans ; finalement, ils ont imposé ou suggéré au pouvoir absolu les nombreuses réformes, si bien expliquées par M. Picot, qui resteront les monumens du patriotisme et de l'activité des états. Leur retentissement n'a pas répondu à leur énergie ; il est bien rare que ces réclamations du droit contre le privilège, de l'opprimé contre l'oppresseur, ces cris échappés à la conscience nationale aient percé l'enceinte qui gardait le secret des délibérations : les interprètes momentanés des vœux du pays, satisfaits de l'effort tenté, du résultat obtenu ou promis, trop souvent indifférens à leur renommée personnelle, ont laissé se perdre ces témoignages de leur sincérité courageuse. C'est précisément cette partie oubliée, dispersée, la seule virile et sérieuse de l'éloquence des états, que nous voulons, s'il se peut, rassembler et faire revivre.

Représentons-nous tout d'abord, sous leurs traits véritables, ces députés des trois ordres, que le hasard d'une convocation royale réunissait de tous les points du territoire, et qui apportaient, du fond de leurs provinces, les plaintes longtemps étouffées, les ressentimens invétérés, les longs espoirs d'un peuple entier, comme aussi les oppositions d'humeur et d'intérêt, les rivalités de classes, les impatiences et les ambitions cachées sous la concorde apparente de l'ancien régime. Dans quelles conditions de savoir, d'expérience, d'indépendance, leurs commettans les avaient-ils choisis ?

Le suffrage à deux degrés nommait la plupart des députés de la noblesse et du clergé, comme il nomme aujourd'hui les sénateurs de la république ; mais un bon nombre d'élections, dans le tiers-ordre, étaient le produit direct du suffrage universel. C'est ce que les savantes recherches de MM. Hervieu et Boutaric ont démontré. Parmi les villes qui possédaient le droit de vote, et qu'on appelait *bonnes villes, villes insignes*, beaucoup étaient de vieilles communes jurées, pourvues d'une charte municipale et d'antiques franchises, ayant conservé l'usage de traiter leurs affaires en assemblée publique : convoqués à son de trompe, à voix de héraut, ou par ban et par cri, les bourgeois, renforcés quelquefois des manans, se rassemblaient dans une église, dans un cimetière, sous les vastes portiques d'un cloître ou sur la place de ville, et là se faisaient les élections. De quel côté se portaient, dès lors, les préférences du suffrage populaire ? Qu'on examine les listes des députés du tiers depuis 1302 jusqu'en 1614, on y verra figurer de nombreux officiers royaux ou municipaux, très peu de mandataires du commerce ou du travail manuel ; la grande majorité se compose de légistes, de docteurs et d'avocats. Les électeurs ont cherché, avant tout, le savoir reconnu, le talent de parole constaté par l'expérience du barreau, de la chaire et de l'enseignement ; souvent même la. noblesse préférait à des députés nobles des *procureurs* choisis parmi les capacités du tiers-ordre. L'instinct des intérêts est invariable comme les intérêts eux-mêmes ; de tout temps le corps électoral a donné sa confiance à ceux qu'il jugeait les plus capables de plaider sa cause et de soutenir ses droits. Les hommes habiles dans l'art de parler et de persuader ne faisaient donc pas défaut à nos anciennes assemblées ; plusieurs d'entre eux avaient dû, comme candidats, prouver leur aptitude et se mettre publiquement, avant le vote, en conformité de sentimens avec leurs électeurs. Il est bien vrai qu'on s'inquiétait moins alors qu'aujourd'hui de la façon de penser d'un candidat et qu'on exigeait de lui, sur ce point particulier, moins de déclarations et de garanties : l'ancien régime, suivant la tradition de l'époque gallo-romaine, avait organisé dans les états la représentation des intérêts plutôt que celle des opinions ; mais qu'est-ce qu'une opinion, très souvent, trop souvent, sinon la théorie d'un intérêt ? A certains momens, les intérêts veulent être défendus avec passion et réclament des professions de foi : nous avons, du XVIe siècle, des harangues électorales dont la véhémence et l'ampleur ne le cèdent en rien aux manifestes de nos modernes députés. Ces hommes, que leur talent avait désignés aux suffrages de leurs concitoyens et qui venaient soutenir en face du pouvoir les doléances du « pauvre commun, » n'avaient pas pour unique inspiration, comme on serait tenté de le croire, la haine des abus et des privilèges, la rancune des vanités blessées, le désir d'exercer contre de scandaleuses impunités des représailles tardives ; leur

Charles Aubertin

éloquence s'appuyait sur un fonds sérieux de doctrines ; elle avait des convictions, et non pas seulement des passions ; l'étude des moralistes et des philosophes, la critique comparée des législations anciennes et des coutumes nationales avaient donné à bon nombre d'esprits réfléchis des vues très précises sur les conditions d'un bon gouvernement. Qui ne sait d'ailleurs que, dès le xiv8 siècle, il existait chez nous, en latin et en français, une véritable littérature politique, souvent indigeste et confuse, naïvement subtile, lourdement chimérique, mais ingénieuse, hardie, parfois même originale et profonde ? Sortie des universités et s'y retrempant sans cesse, encouragée tantôt par le pouvoir, tantôt par l'opinion mécontente, littérature à la fois d'opposition et de gouvernement, s'inspirant des querelles du jour, elle avait remué beaucoup de choses anciennes ou nouvelles, exhumé des systèmes, traduit des textes, éveillé d'indiscrètes curiosités ; elle avait mis en circulation une foule d'idées inconnues au pur monde féodal et qui alimentaient la poésie satirique : celle-ci les propageait à son tour dans ses légères fictions ou dans ses longs romans. Ainsi s'était formée par la propagande du livre, de l'école, de la chaire et du poème, de la prose et des vers, une disposition générale des esprits, tout ensemble grave et moqueuse, une habitude de fronde, de contrôle et de libre examen, une tendance à sonder, d'un regard pénétrant, les bases mêmes des institutions. La substance des meilleures productions de cette littérature diversifiée à l'infini a passé dans les discours des états-généraux ; nos anciens orateurs ont eu pour maîtres les écrivains politiques de leur temps, comme plus tard les constituans de 1789 furent les élèves des philosophes du XVIIIe siècle.

Quand les députés, après un voyage difficile et périlleux, après une de ces longues chevauchées à travers la France, si souvent faites et racontées par Froissart, arrivaient au rendez-vous royal, un spectacle imposant les attendait : la cour, en paraissant au milieu des mandataires de la nation, déployait ses magnificences ; elle se plaisait à imprimer un caractère de majesté et d'autorité à la première séance des états. Une vaste salle, décorée de tapisseries de haute lice, de draps d'or, de tentures de velours bleu ou violet fleurdelisé, s'ouvrait aux cinq ou six cents membres dont se composait l'assemblée, — ce nombre même parfois s'est élevé au double ; — les officiers de la couronne, les dames, les spectateurs

II. LES ORATEURS DES ÉTATS-GÉNÉRAUX

de marque prenaient place dans de larges galeries ou tribunes ; un espace clos de barrières était réservé à la foule. Du haut d'une estrade, d'où l'on dominait les trois amphithéâtres destinés aux trois ordres, le roi, entouré de sa maison militaire, prononçait un discours ou donnait la parole au chancelier de France ; quelques-unes de ces harangues royales comptent parmi les plus remarquables monumens de notre ancienne éloquence. La gravité de la crise politique et du péril national, cause trop ordinaire de ces convocations d'assemblées, ajoutait à la solennité de l'événement et redoublait l'émotion : n'oublions pas que cet intervalle de 1302 à 1614, presque entièrement rempli par la guerre de cent ans et par les guerres de religion, est l'époque la plus sombre et la plus tragique de notre histoire. Appelés au secours du pouvoir en détresse, et pénétrés du mandat de salut qui leur était confié, les états appliquaient leur contrôle au gouvernement tout entier ; ils portaient l'œil et la main sur l'ensemble des services publics : la justice l'armée, les finances, la paix et la guerre, les rapports du spirituel et du temporel, l'établissement des régences et des tutelles royales, la succession au trône et la dévolution de la couronne, les intérêts les plus considérables comme les plus hautes questions tombaient sous leur compétence et sollicitaient leur examen ; plus d'une fois ils ont conquis la plénitude de la puissance et de l'action dirigeante, en profitant des défaillances de la royauté. Ce n'était donc ni la grandeur des sujets, ni l'inspiration des circonstances, ni le sentiment d'un important devoir à remplir qui pouvaient manquer aux orateurs : tout concourait à leur élever l'âme, à développer l'étroit horizon de leurs pensées habituelles, à remuer chez eux les passions fortes qui sont les ressorts de l'éloquence sérieuse comme de la haute poésie. Nous savons dans quelles conditions se produisait l'éloquence des états ; il est temps d'en fixer les souvenirs épars, de signaler l'influence qu'elle a exercée, de mettre en lumière les talens qui lui ont donné une forme vivante et personnelle.

I

Le gouvernement de la parole a commencé en France au milieu

Charles Aubertin

du XIVe siècle, pendant l'interrègne de liberté populaire qui suivit la défaite de Poitiers et précéda l'avènement du roi Charles V. Sous le coup de ce désastre qui annulait la royauté captive, détruisait le prestige militaire de la féodalité et compromettait l'indépendance de la nation, le pouvoir s'était brusquement déplacé ; dans le vide où tant de forces sociales venaient de s'affaisser et de disparaître, deux puissances nouvelles avaient surgi et se montraient seules : une assemblée d'états réunie au palais, et une commune de Paris siégeant en place de Grève à l'Hôtel de Ville. Autour de ces deux gouvernemens intérimaires, grondait l'émeute de la rue et de l'école, attendant ou donnant l'impulsion. Pour diriger la foule soulevée et l'assemblée maîtresse, il restait une force, nouvelle aussi, sans art encore et sans expérience, la parole : de tous côtés s'élevèrent, dans les états, à l'Hôtel de Ville, dans les noirs carrefours du Paris gothique, des tribuns improvisés, des meneurs de parti, des chefs de clubs et de barricades, puissans par leur inculte véhémence et par cette rhétorique grossière que la passion enseigne ; tout ce monde de harangueurs semi-barbares, éclos en quelques jours de l'effervescence publique, reproduisait à son insu, sous des costumes du XIVe siècle, les types classiques de la sédition et jouait d'instinct, avec l'ardeur d'un zèle ignorant, les éternels personnages des drames révolutionnaires.

Jusque-là, de 1302 à 1355, on avait vu souvent s'assembler en grande pompe les états-généraux, d'institution récente ; ces premières assemblées, nombreuses, actives, avaient pris d'importantes résolutions, que M. Hervieu a fort savamment analysées : elles avaient combattu l'ultramontanisme, détruit les templiers, maintenu la loi salique, exclu un prince anglais du trône et généreusement aidé les rois dans leurs guerres contre la Flandre ou l'Angleterre. Plus d'une fois elles avaient déclaré, en réponse aux pressans appels de la couronne, « qu'elles voulaient vivre et morir avec le roy et mettre corps et avoir à son servise. » Des questions aussi sérieuses et d'aussi hautes matières ne s'étaient pas traitées, assurément, sans débats et sans discours ; mais l'histoire, en s'attachant aux faits, a négligé les paroles, elle n'a retenu, de ces délibérations, que les résultats. Nous possédons, traduite en latin, la fière et brève déclaration de Philippe le Bel contre les prétentions de Boniface VIII ; on croyait avoir conservé un fragment de l'adresse

II. LES ORATEURS DES ÉTATS-GÉNÉRAUX

présentée au roi par les députés du tiers dans cette même session : il a été prouvé que le texte cité par Savaron est l'œuvre d'un publiciste officieux, un article de pamphlet ou de journal. L'unique souvenir un peu précis qui subsiste de cette période d'essai et de début est une description de l'assemblée du 1er août 1314, convoquée à Paris avant la guerre de Flandre, ; nous emprunterons aux *Grandes Chroniques de France* l'esquisse animée et parlante de la séance, comme une assez juste image de ces tenues d'états, très fréquentes, mais fort courtes, dont la première moitié du XIVe siècle est remplie. S'avançant sur le bord de l'estrade où le roi, les barons et les prélats étaient assis, tandis que les députés des villes se tenaient debout au pied de « l'échafaud, » Enguerrand de Marigny, surintendant des finances, « prescha » avec un succès extraordinaire. Il loua fort l'excellent esprit du peuple de Paris, moyen oratoire très ancien et qui ne vieillit pas : il appela la ville de Paris « la nourrice des princes, la vraie chambre royale, à laquelle le roy se devoit plus fier pour avoir aide et bon conseil qu'en nulle autre cité. » Énumérant ensuite les trahisons et les méfaits des comtes de Flandre depuis cent ans, les justes griefs des Français, il échauffa le patriotisme des assistans et réclama leur secours contre cet ennemi félon. Quand il eut fini « sa complainte », le roi, s'avançant à son tour, demanda aux représentans des communes quels étaient ceux qui tenaient pour lui. Cet appel hardi et la harangue du surintendant enlevèrent les suffrages. Un bourgeois de Paris, Etienne Barbette, jura « qu'ils estoient tous prêts à marcher à leurs coûts et dépens là où le roy les vouldroit mener contre lesdits Flamens. » Tous les députés des villes répétèrent cette formule d'adhésion. Une lourde taille fut établie en conséquence de ce vote plus généreux que prudent : l'année suivante, les Parisiens poussaient au gibet de Montfaucon l'orateur qui les avait si bien loués et si durement rançonnés. Il y a toujours eu de cruels reviremens d'opinions, à Paris, contre les interprètes trop habiles de la politique des princes. — Voilà, sans doute, de quelle façon simple et rapide, sinon aussi dramatique, les choses se passaient dans les primitives sessions des états, avant les troubles de 1355.

A cette époque, tout change de face. Nous n'avons plus affaire aux députés timides et dociles de la première moitié du siècle, qui se séparaient après quelques jours de délibération et un vote

Charles Aubertin

complaisant ; nous sommes en présence d'une assemblée que son isolement grandit, que la pression populaire surexcite, qui, sans formuler aucune théorie antimonarchique, a le sentiment confus de sa souveraineté et l'ambition d'établir son contrôle en permanence. Suivant la mode française, elle entreprend une réformeconstitutionnelle avec la fièvre de l'esprit factieux, avec l'audace d'une révolution. Rappelés subitement, au lendemain de la défaite, par un prince de dix-neuf ans, pâle, chétif, mésestimé, tremblant sous le fardeau d'une régence dans son palais désert, les états-généraux de 1355, qui avaient déjà fourni trois sessions, se réunirent à Paris, le 17 octobre. L'assemblée comptait plus de huit cents membres dont la moitié appartenait au tiers-état. S'il faut en croire la bonne opinion qu'elle avait d'elle-même et qu'elle a exprimée dans un très long procès-verbal, jamais réunion politique n'avait contenu un pareil nombre d'éminens personnages, d'hommes de sens et d'expérience : c'était « la fleur de la sagesse » du pays. Pendant que les députés, accourant des provinces, s'installaient, non sans émoi, le peuple de Paris, mis en rumeur par les nouvelles de la guerre, par la légende, rapidement grossie, du champ de bataille, promenait à travers la ville cette oisiveté agitée qui est le prélude des grandes explosions : les artisans délaissaient leurs métiers, disent les chroniques, « ils alloient de çà, de là, par tourbes, tout enflambéz, » poussant des cris de mort contre « les traîtres et les fuyards ; » leur foule, s'amassant aux portes du couvent des Cordeliers, — aujourd'hui l'École de médecine, — où l'assemblée, dès ses premières séances, s'était transférée, faisait écho par ses clameurs aux délibérations. C'est dans ces conditions exceptionnelles, dans cette violente crise des esprits et des affaires, que la parole, pour la première fois en France, passant du conseil à l'action, d'un rôle subalterne à un rôle prépondérant, fut appelée à diriger le mouvement politique.

Tout d'abord, et sur le premier plan, paraît l'homme du roi, le chancelier de La Forest, archevêque de Rouen, humble et décontenancé devant la colère publique, avocat d'une cause qu'il sait désespérée, marqué lui-même et désigné pour les futures vengeances, essayant, par devoir, de plaider les circonstances atténuantes de l'incapacité de son maître et de faire briller sur ce pouvoir absolu, tombé si bas, le prestige de l'héroïsme et du malheur. Un froid silence accueille cette apologie officielle, cet appel intempestif qui s'adresse à des dévoûmens aigris et fatigués. Alors se lève l'orateur de l'opposition, débordant de haines et de ressentimens accumulés, de projets impatiens d'aboutir, s'autorisant des rumeurs menaçantes du dehors, et, à travers les emportemens d'une indignation légitime, ourdissant la trame des ambitions égoïstes d'un parti. Robert Le Coq, évêque de Laon, ancien avocat et maître des requêtes au parlement, « esprit léger, périlleux en paroles et très mauvaise langue », vendu à Charles de Navarre, candidat au chapeau de cardinal et au poste de chancelier de France, — une sorte de Retz du XIVe siècle, — donne le signal d'un éclat que tout le monde sent inévitable. « Il est temps de parler, s'écrie-t-il ; honni soit qui bien ne parlera, car oncques mais n'en fut temps si bien comme maintenant. ». Puis il entame la matière, toujours riche et facile, des abus, vexations et dilapidations du présent règne : « le mauvais gouvernement du roy et de ses officiers a tout gasté et tout perdu ; il en sera ainsi et rien n'est à espérer tant qu'il durera. » Au nom du peuple il demande que « les officiers du roy, » c'est-à-dire les fonctionnaires, soient tous destitués : « trop de méchefs sont advenus de leur fait au royaume de France, et le peuple ne veut plus souffrir ces choses. » Il continue « son sermon et preschement » en attaquant à mots couverts le roi et le dauphin, duc de Normandie, en insinuant que les états ont bien le droit d'ôter et de transférer la couronne ; enfin, par manière de péroraison, il propose aux députés comme un serment du jeu de paume, et leur fait jurer « d'estre tous unis et alliés ensemble, » ligués et confédérés contre la royauté. « Prenez bien garde à ce que vous ferez, dit-il en terminant ; certes, on essayera de vous endormir ; mais, quelque pardon ou rémission que l'on vous fasse, quelque lettre que l'on vous baille, on trouvera bien prétexte et embusche contre vous et l'on cherchera à vous faire morir de mal mort. »

A ce discours agressif, qui, en flattant les passions de la majorité, avait l'art de les diriger secrètement vers un but certain, succédèrent des motions hardies soutenues par Le Coq et ses amis, tout un programme de réformes et d'innovations que l'assemblée s'empressa d'adopter. On décida que deux commissions, l'une de quatre-vingts membres, l'autre de trente-six, seraient nommées pour étudier d'urgence les mesures jugées indispensables. Tous les

Charles Aubertin

fonctionnaires publics, magistrats et autres, furent « suspendus », sauf à recevoir, après enquête, une nouvelle investiture. On contraignit le régent à choisir ses conseillers, c'est-à-dire ses ministres, dans l'assemblée : Le Coq, Marcel, tous les chefs du mouvement, les pires ennemis du prince, formèrent son conseil. Des députés, munis de pleins pouvoirs, escortés d'une force militaire, partirent pour les provinces avec le titre de « réformateurs généraux » ou de « gouverneurs des subsides, » et avec la mission de surveiller les autorités locales, spécialement les financiers. Le régent frémissait sous le joug et cherchait à s'y dérober ; une émeute brisa sa résistance. Sur un mot d'ordre du prévôt des marchands, les boutiques se fermèrent ; « les ménestrels, » qui remplissaient les places et les rues, cessèrent de jouer ; des maisons silencieuses sortirent trois mille hommes des métiers de Paris, portant le chaperon rouge et bleu ; leur foule en armes s'assembla aux abords du palais : c'était la première apparition de la garde nationale dans l'histoire de France. Le lendemain, ils s'emparaient du Louvre, par surprise, y enlevaient « l'artillerie » et la traînaient à l'Hôtel de Ville. Désormais, l'insurrection en permanence est maîtresse des rues : « tousjours estaient ceux de Paris ainsi comme esmeus, et se armoient et assembloient souvent. » Échauffant de leurs discours la sédition, les hommes de Marcel, mêlés aux groupes, s'agitent et manifestent dans les quartiers populeux, aux halles, aux Innocens, en place de Grève, tandis que leurs émissaires, courant le pays, sollicitent les bourgeois d'arborer les couleurs parisiennes et de sceller publiquement « l'union » des communes de France. L'Hôtel de Ville, qui avait commencé par appuyer l'assemblée, finit par la supplanter et la congédier.

Marcel, homme d'action énergique, n'était pas un discoureur. Il s'imposait par l'audace calculée de ses projets, par l'intrépide sang-froid de son caractère. Il était de la race des taciturnes, dont la pensée profonde et concentrée exerce sur les multitudes une fascination mystérieuse, non moins puissante que le brillant prestige des harangueurs : en cela il différait des agitateurs contemporains, tels que Jacques et Philippe d'Arteveld, « beaux langagers », selon Froissart. Les *Grandes Chroniques* ont cité de lui quelques paroles jetées à la foule après l'assassinat des maréchaux de Champagne et de Clermont ; nous regrettons d'y

II. LES ORATEURS DES ÉTATS-GÉNÉRAUX

44

trouver, sous les formes embarrassées de la langue du XIVe siècle, l'ordinaire apologie des crimes commis dans l'emportement des passions révolutionnaires : il s'excuse du sang versé en alléguant « le bien commun et la volonté du peuple », tristes sophismes des consciences que la politique a faussées et que le remords inquiète.

Ce gouvernement du silencieux prévôt avait de bruyans organes. Il se tenait en rapports directs avec le peuple par la voix des quatre échevins, Pierre Boudon, Jean Belot, Philippe Giffart, Charles Toussac, chargés d'expliquer la pensée du chef, d'exciter le zèle des tièdes, de combattre et de rallier les dissidens. Tous les jours, des paroles ardentes étaient lancées, « des fenestres de la maison de ville », aux bandes armées qui couvraient la place de Grève ; ces motions provoquaient l'invariable cri de la foule : « Nous voulons vivre et morir avec le prévost des marchans ! » Remarquons comme les grands mots viennent facilement dans les situations violentes, et comme les sentimens extrêmes se traduisent vite, même chez les hommes peu cultivés, par l'exagération de la phrase : ces harangueurs et ce public populaire de 1356 possèdent, sans l'avoir appris, le vocabulaire des révolutions. Un méridional naturalisé Parisien, Charles Toussac, passait pour une des bonnes têtes et pour la meilleure langue de tout cet échevinage ; il joignait à la faconde pittoresque et sonore du pays des troubadours la finesse d'esprit particulière aux provinces de langue d'oïl. Instigateur des mesures les plus radicales, c'était lui qui, dans les occasions décisives, dans les *journées* du parti, avait pour mandat de faire l'opinion des masses, d'attaquer et de démasquer « les royaux ; » aussi les *Grandes Chroniques* ont-elles recueilli plusieurs morceaux de ses harangues et rapporté quelques-unes de ses maximes, dont voici la plus notable : « Il y a, disait-il, trop de mauvaises herbes au jardin du public, elles empeschent les bonnes de fructifier et amender ; pour le profit et sauvement du peuple, il faut nettoyer le jardin. » Le naïf génie du moyen âge avait deviné de bonne heure la raison du « salut public » et poétiquement exprimé, comme on le voit, l'idée du « nettoyage » ou de l'épuration en politique.

Autre preuve bien frappante de l'empire exercé par la parole en ce temps-là : les amis du régent, opposant discours à discours, descendaient sur la place, y tenaient des *meetings* en plein vent, et disputaient aux gens de la commune l'adhésion du peuple et de la

Charles Aubertin

bourgeoisie. Le futur Charles V en personne alla d'abord essayer sa puissance de persuasion sur la province et haranguer, hors de Paris, des assemblées d'une humeur plus soumise. Parcourant les villes de la Champagne, du Vermandois et de l'Ile-de-France, il leur peignit avec force les désordres de la capitale, l'abaissement de la royauté, les massacres dont il avait été le témoin outragé, presque la victime ; il conjura les bons Français de mettre fin à ces divisions qui perdaient le royaume et de rentrer sous l'autorité de « leur naturel seigneur. » Les états de Compiègne lui rendirent grâces de ne point désespérer du salut de la France en de telles extrémités ; ceux de Champagne lui répondirent : « Monseigneur, nous Champenois qui icy sommes, nous vous mercions de ce que vous nous avez dit, et nous attendons que vous fassiez bonne justice de ces méfaits. » Enhardi par un premier succès, le prince résolut d'affronter ce terrible « commun de Paris, » accoutumé, disent les chroniques, « à se tenir fier et haut contre ses maîtres légitimes ; » il osa s'aventurer dans les quartiers du centre, où foisonnait la multitude, et lui parler face à face.

Un jeudi de janvier 1357, « environ l'heure de tierce, » c'est-à-dire sur les neuf heures du matin, il sortit à cheval de son chas tel du Louvre, « lui sixiesme ou septiesme, » et poussa jusqu'aux halles ; le peuple, l'apercevant, enveloppa son escorte. Là, il déclara qu'on l'avait calomnié, qu'il n'était pas vrai qu'il songeât à fuir Paris ou à le remplir de gens d'armes, qu'il avait au contraire l'intention de vivre et de mourir avec les habitans de sa bonne ville ; prenant ensuite l'offensive et rétorquant les dires de ses adversaires contre eux-mêmes, il affirma que, si l'Anglais couvrait le royaume et si lui, régent, ne pouvait « rebouter » l'ennemi, la faute en était à ceux qui tenaient le gouvernement et la finance, et que, pour lui, il n'avait encore vu ni denier, ni maille des subsides levés depuis deux ans par les états. Charles V, qualifié de roi « sage et éloquent » dans son épitaphe, parlait en effet avec une élégante et naturelle précision. Son langage exprimait le bon sens net, tranquille, spirituel qui était son talent et qui fut le génie sauveur de la France. « Cette belle parleure étoit si bien ordonnée, dit Christine de Pisan, et avoit si bel arrangement, sans aucune superfluité, qu'un rhétoricien quelconque en langue françoyse n'y sceust rien amender. » Aussi fut-il applaudi des Parisiens, tout prince qu'il était, et l'opinion lui revint ce jour-là. Effrayés de se voir battus par leurs propres armes sur un terrain dont ils se croyaient maîtres, les échevins convoquèrent une assemblée dans les vingt-quatre heures à Saint-Jacques-de-l'Hôpital, église bâtie en 1327 au coin de la rue Saint Denis et de la rue Mauconseil, près du rempart, au lieu appelé la Porte-aux-Peintres. Le régent s'y rendit avec son chancelier, qui prit la parole ; mais la réplique de Toussac fut si véhémente, il parla de Marcel avec une telle chaleur de conviction que le populaire acclama les hommes de l'Hôtel de Ville et tourna le dos, cette fois encore, aux royalistes. Si beaux parleurs que soient les princes, il est bien rare que l'éloquence toute seule les tire d'affaire en temps de révolution.

Sur la rive gauche, à la même époque, un autre harangueur, un maître fourbe d'une désinvolture tout à fait moderne, poursuivait sa campagne oratoire et s'avançait, lui aussi, par cette voie de rapides succès, dans la faveur publique : nous avons suffisamment désigné Charles le Mauvais, démagogue de sang royal, flagorneur de la rue, mendiant de popularité, remuant les bas-fonds pour y guetter l'occasion de voler une couronne. « Sire larronciaux, lui disait d'un ton de valet insolent l'un de ses affidés, le fameux Robert Le Coq, encores te aideray-je à mettre ceste couronne en ta teste comme roy de France. » Par un de ces caprices de la nature dont on ne connaît que trop d'exemples, la perversité d'une âme scélérate se doublait chez lui d'un merveilleux talent de parole. Petit, mais plein d'esprit et de feu, d'un œil vif, d'un abord familier, il possédait en perfection l'art de séduire. Dix-huit mois plus tard, lorsque le régent victorieux vengea par de sanglantes représailles ses longues humiliations, les bourgeois de Paris qu'on menait au supplice s'écriaient : « O roi de Navarre, c'est vous qui nous avez perdus ! Heureux si jamais nous n'avions vu votre regard ni entendu vos discours ! « Il allait de ville en ville, pérorant à Paris, à Rouen, à Amiens, faisait ouvrir partout les prisons, et colportait dans le peu qui restait du royaume ses motions insurrectionnelles et sa candidature. Un jour, à Paris, le 4 décembre 1356, monté sur une estrade adossée aux murs de Saint-Germain-des-Prés, devant dix mille personnes qui remplissaient le val des écoliers, il parla depuis huit heures du matin jusqu'à midi, raconta les souffrances de sa captivité, attaquant à mots couverts le roi et le régent ; « on avoit disné par toute la ville qu'on l'entendoit

Charles Aubertin

encore preschant sur son eschafaud. » Une autrefois, le 11 janvier suivant, le jour même où le régent haranguait le peuple dans les halles de Paris, Charles de Navarre fit à Rouen l'oraison funèbre des « martyrs » de son parti, c'est-à-dire de ses anciens complices abandonnés par lui et décapités par l'ordre du roi. Il parlait du haut d'une fenêtre de l'abbaye de Saint-Ouen, et la foule couvrait la place devant l'abbaye. Son discours, suivant l'usage, développait un texte emprunté aux livres saints : « *Innocentes et recti adheserunt mihi* : Les purs se sont dévoués à ma cause. » Qu'on ne s'étonne pas trop de ces formes religieuses et des habitudes scolastiques transportées dans une éloquence aussi profane que celle-là. Il n'existe, au moyen âge, qu'une grande école de parole publique : c'est la chaire ; il n'y a pas d'autre modèle de discours que le sermon ; parler devant un auditoire, quel qu'il soit, déclamer devant une foule sur n'importe quel sujet, c'est « prescher, » et l'on dit d'un général haranguant son armée sur le champ de bataille qu'il « sermonne » ses soldats.

Le temps était venu pour Charles de Navarre d'achever son dessein et de toucher le faîte où aspirait son ambition. Présenté au peuple de Paris par Charles Toussac, il fut proclamé capitaine général du royaume à l'Hôtel de Ville : ce titre le plaçait sur le premier degré du trône de France. « Beaux seigneurs, dit-il à ses électeurs populaires, je fais serment de vous gouverner bien et loyalement, et de vivre et morir avec vous, contre tous, sans aucun excepter. Ce royaume est moult malade, et y est la maladie moult enracinée, et, pour ce, ne peut-il estre sitost gary : si, ne vous vueillez pas émouvoir contre moy si je ne apaise sitost les besognes, car il y faut trait et labour. » A peine avait-il étendu sa main sur la couronne qu'un coup de force, parti des rangs de la bourgeoisie parisienne, renversait le gouvernement de Marcel et rétablissait pour vingt ans le régime du silence. Mais tel était encore l'ascendant de la parole au moment où il prenait fin que ceux-là même qui le détruisaient s'en servirent pour se justifier. Maillart, après le meurtre de Marcel, convoqua une assemblée aux halles, et, monté sur un échafaud, dit pourquoi on avait tué le prévôt des marchands ; le régent, rentrant à Paris au mois d'août 1358, s'arrêta près de la croix qui s'élevait au milieu de la place de Grève : là, dominant la foule et réclamant le silence, il accusa de félonie ceux qui venaient de succomber. Le peuple, « l'espée nue au poing » et tout fumant du sang de ses anciens chefs dont les cadavres « despouillés étaient estendus sur les quarreaux en la voie, » applaudit les discours de Maillart et du régent.

II

L'agitation renaît en 1381, pendant la minorité de Charles VI ; la parole ressaisit aussitôt son empire. Un trait particulier de ces nouveaux troubles, qui raniment avec les factions l'éloquence séditieuse, c'est que les harangueurs ne sont pas toujours des bourgeois, comme Toussac, ou des princes, comme Charles de Navarre, ou des clercs et des évêques, comme Robert Le Coq ; bien souvent, ces meneurs populaires sortent des rangs du peuple. Ils émergent subitement de l'effervescence de la rue ; ils marquent le but aux ardeurs incertaines, aux impatiences aveugles : dès que le coup est fait, leur rôle éphémère est rempli, ils retombent dans le silence et le néant. Au début de l'insurrection des Maillotins, en 1381, un ouvrier corroyeur, *alutarius quidam*, ramassant trois cents émeutiers armés de poignards, les harangue en place de Grève, puis, franchissant les ponts à leur tête, les lance contre le palais, où tremblaient et se cachaient les oncles du jeune roi Charles VI. Nous avons ce discours d'un ouvrier parisien du XIVe siècle, traduit, il est vrai, en latin par un chroniqueur trop scolastique ; il est d'une violence que des insurgés de ce temps-ci ne désavoueraient pas. « A quand donc notre tour de jouir du repos et des douceurs de la vie ? qui nous délivrera du joug de ces seigneurs dont la rapacité nous exploite, dont l'orgueil nous écrase ? Ils vivent de notre substance, *substantias nostras illis impertimur* ; c'est avec nos dépouilles qu'ils bâtissent des palais et nourrissent leurs gens ; l'éclat du règne vient de la sueur du peuple, *ex sudore regnicolarum regius fulget homos*. Notre patience est à bout. Levons-nous tous ! Que Paris prenne les armes plutôt que de souffrir la honte et la servitude. »

A ces invectives, dont l'accent révolutionnaire et la couleur toute moderne pourraient d'abord nous surprendre, comparons les prédications égalitaires du couvreur anglais Wat Tyler et du prêtre John Ball, qui, cette même année, déchaînaient contre Londres une

Charles Aubertin

invasion furieuse de soixante mille ouvriers et paysans, si vivement décrite par Froissart : « Bonnes gens, les choses ne peuvent bien aller en Angleterre, ni ne iront jusques à tant que les biens seront de commun et qu'il n'y aura ni vilains, ni gentilshommes, et, que nous ne soyons tous unis. A quoi faire sont ceux, que nous nommons seigneurs, plus grands maîtres que nous ? Ils sont vêtus de velours et de camocas fourrés de vair et de gris ; et nous sommes vêtus de povres draps. Ils ont les vins, les épices et les bons pains ; et nous avons le seigle, le retrait, la paille, et buvons de l'eau. Ils ont le séjour et les beaux manoirs ; et nous avons la peine et le travail, la pluie et le vent aux champs ; et faut que de nous vienne, et de notre labour, ce dont ils tiennent leurs estats. » Partout alors, à Paris, en Angleterre, en Flandre, couvaient dans le cœur du peuple des sentiments de haine et des désirs de vengeance qui armaient les petits contre les grands ; et ce qui prouve bien la redoutable énergie de ces revendications populaires, c'est la gravité des concessions qu'elles arrachent aux gouvernemens. Pendant que l'émeute parisienne, poussée par le corroyeur tribun, bat le seuil de la demeure royale et menace d'en forcer l'entrée, une fenêtre s'ouvre : le chancelier de France, Miles de Dormans, évêque de Beauvais, parlemente avec les assaillans. Dans son discours d'apaisement, il va jusqu'à reconnaître le principe de la souveraineté nationale : « Oui, les rois auraient beau le nier cent fois, le suffrage populaire est le fondement de la monarchie, *reges regnant suffragio populorum...* Ni le roi, ni ses conseillers ne pourraient faire un peuple, mais un peuple ferait bien un roi. » Ainsi parle le pouvoir, en tout temps et en tout pays, quand il se sent vaincu, et qu'il a peur. L'année suivante, la chevalerie française, conduite par les compagnons d'armes de Du Guesclin, écrasait à Rosebecque, sous les yeux du jeune roi, la ligue des communes et, par contre-coup, l'émeute parisienne ; mais, après un intervalle de repos, la démence de Charles VI, les scandales du règne, les rivalités sanglantes des princes, la défaite d'Azincourt précipitèrent encore une fois la France dans une crise de guerre civile et d'invasion étrangère, où elle faillit succomber.

On taxerait volontiers d'exagération ou de mensonge le narrateur moderne qui, pour peindre cette navrante période de notre histoire, emprunterait fidèlement aux chroniqueurs

II. LES ORATEURS DES ÉTATS-GÉNÉRAUX

contemporains les pages naïves qu'ils ont écrites sous l'impression des événemens, en face du spectacle qui se renouvelait chaque jour. On l'accuserait de faire le roman du passé avec des couleurs beaucoup plus récentes et de transporter au XVe siècle, par un travestissement rétrospectif, les procédés et l'appareil des époques de *terreur*. La vérité est que dans leurs récits, d'une irrécusable sincérité, les péripéties bien connues et la mise en scène ordinaire de toutes les perturbations politiques se trouvent au complet. Voici les clubs, aux motions incendiaires, notés par le religieux de Saint-Denis, témoin très clairvoyant, historien presque officiel du règne de Charles VI ; voici les sociétés secrètes, les conciliabules nocturnes où le « menu peuple » des métiers et des faubourgs, « la multitude mécanique, » s'assemble « par flottes d'hommes noirs et petits, » comme dit Froissart, et pérore « en gesticulant avec fureur, en roulant des yeux menaçans. » Voici la garde nationale, commandée par ses « dizeniers,cinquanteniers, quarteniers, » coiffée de chaperons blancs et verts, vêtue de hoquetons bleus, et marchant sous la bannière de la ville, appelée « estendart. » Oisive et bruyante, défilant, paradant sans but et sans trêve, dépeuplant les ateliers et les boutiques, encombrant les rues de patrouilles inutiles, elle étale avec orgueil ses 30,000 hommes « appareillés de toutes pièces, » et traîne à sa suite une tourbe de vagabonds en guenilles, « couverts d'armes brillantes, » qui passent les nuits et les jours « en gourmanderies et beuveries, » dociles à tous les mots d'ordre scélérats, prêts pour tous les forfaits.

Quel étrange aspect que celui de Paris en 1413 et 1420, de ce champ clos hideux et sanglant où les Écorcheurs, les Armagnacs et les Bourguignons s'exterminent en attendant l'Anglais vainqueur à Azincourt ! Les hôtels des puissans seigneurs, garnis de herses et de mâchicoulis, se hérissent d'armes et se remplissent de soldats, comme des forteresses menacées par l'ennemi. Six cents chaînes de fer, tendues chaque soir, barrent les rues et la rivière ; dans chaque maison, on mure les ouvertures des caves, par crainte du feu grégeois que lancent des malfaiteurs. De temps en temps, du milieu de cette ville barricadée et frémissante, qui « s'agite à la moindre rumeur comme la feuille au souffle du vent », partent des groupes d'hommes armés poussant devant eux un orateur : ils vont « manifester » sous les fenêtres du palais ou du château Saint-Paul,

Charles Aubertin

et coiffer du chaperon populaire le roi et le dauphin. Des placards couvrent les murs et les portes des églises : « Chers concitoyens,*cives amantissimi*, on veut vous désarmer, vous enlever vos chaînes de fer et vos barricades. Aux armes ! nos vengeurs approchent. » Pendant la nuit, des cris sinistres réveillent la ville en sursaut : « Aux armes ! nous sommes trahis !*Ad arma ! quia nunc prodendi sumus.* » *On décrète un emprunt forcé, proportionnel au revenu présumé des plus riches habitans,* civium facultates metiendo. *Des mots féroces courent dans les masses :* « Il y a des gens qui ont trop de sang et qui ont besoin qu'on leur en tire avec l'épée. » *On colporte des listes de suspects sur lesquelles en regard de chaque nom se lit une lettre à l'encre rouge, T, B, R, signifiant l'un de ces arrêts sans appel :* à tuer, à bannir, à rançonner. *Alléchée et mise en goût par ces excitations sanguinaires, la foule se rue aux prisons, aux deux Châtelets, au Temple, à Saint-Eloi, à Saint-Magloire, au For-l'Évêque, dans tous les lieux où l'on a entassé ceux qu'on hait et qu'on redoute : plus de quinze cents personnes sont égorgées en un seul jour. Le chroniqueur ajoute :* ad cavillas pedum madebant effuso cruore, « *les pieds des assassins baignaient dans le sang jusqu'à la cheville.* »

Voilà le public de nos harangueurs pendant tout le premier tiers du XVe siècle. Leur place est dans cette mêlée ; leur action s'exerce sur cette folie furieuse du peuple de Paris, presque toujours pour l'exaspérer, quelquefois, mais rarement, pour la calmer et la guérir. Il y a bien des variétés à distinguer parmi ces boute-feux de sédition et de guerre civile. Le grand seigneur à langue dorée, le chef de parti, au langage caressant, en quête de dupes et de complices, racoleur d'hommes de main, y coudoie le démagogue, l'aboyeur de carrefour, pourvoyeur du gibet et de la prison : l'un et l'autre cèdent le pas à l'orateur scolastique, au discoureur en bonnet carré, dont les syllogismes passionnés fanatisent les masses. Signalons l'intervention de l'Université dans les questions d'état comme un des faits dominans de l'époque où nous sommes ; le moment est venu de caractériser cette forme bizarre, semi-laïque et semi-cléricale, de notre ancienne éloquence.

L'Université était une puissance aux XIVe et XVe siècles ; son autorité avait gagné tout ce que le saint-siège divisé et la royauté discréditée avaient perdu, et l'on peut dire que pendant cinquante ans elle fut, en Occident, le seul pouvoir moral incontesté. En

II. LES ORATEURS DES ÉTATS-GÉNÉRAUX

1378, quand l'empereur Charles IV vint en France, l'Université lui fit les honneurs de la ville de Paris : un notable docteur, chancelier de Notre-Dame, maître Jehan de la Chaleur, escorté des facultés « honorablement vestues de leurs chappes et habits fourrés, » adressa au prince un de ces discours d'apparat qu'on appelait alors *collations*, pour les distinguer des sermons et des thèses scolastiques. « A quoi l'empereur répondit de sa bouche en latin. » En 1382, dans la ville occupée militairement par l'armée victorieuse qui revenait de Rosebecque, l'Université essaya de modérer la fureur des représailles et demanda grâce pour le peuple de Paris, en développant ce texte : « Les rois d'Israël sont clémens : *Reges Israel clementes sunt.* » Le principe électif, base de l'institution, les hardiesses de l'enseignement, l'ardeur de la jeunesse, la propagande démocratique dont les « nations » de Flandre et d'Italie étaient le foyer, inclinaient ce grand corps, fier de ses privilèges et sûr de sa force, vers le parti des revendications violentes : aussi le vit-on sortir de l'abstention où il s'était enfermé du temps de Marcel, céder au torrent, entrer dans le mouvement, avec la prétention de l'arrêter ou de le conduire.

Gerson, le plus illustre et le plus prudent de ces docteurs égarés dans la politique, justifie la nouveauté du rôle qu'il avait accepté, en alléguant l'importance même du corps enseignant. « Qui oserait, disait-il, nous dénier le droit de représenter le royaume dans l'assemblée des états ? L'Université, c'est plus qu'un peuple, c'est un monde. *Universitas repræsentatne totum regnum ? Immo vero totum mundum.* » Elle concentrait, en effet, dans son sein, sous une forme barbare comme la société même, la puissance collective dataient de la science et de la foi. Gerson venait de poser, en style d'école, le principe de la suprématie politique de l'esprit ou de la prépondérance des capacités. Figurons-nous donc cette fusion de la rue et de l'école, ce mélange et cette promiscuité des docteurs de Sorbonne avec les agitateurs qui soulevaient les Écorcheurs et les Maillotins : l'originalité de l'état révolutionnaire que nous retraçons est là. Princes et peuple, séditieux et gens paisibles, tout le monde subissait l'empire de la parole universitaire : cette lourde faconde, qui s'imposait par l'autorité du savoir et par son caractère sacré, imprimait le respect aux auditoires les plus divers. Sa tribune était partout, sur la place publique, au Louvre et au palais, dans

Charles Aubertin

l'assemblée des états, dans la chaire chrétienne, en pleine église. En 1405, dans un grand conseil de gouvernement, tenu par le roi et ses oncles, sur les moyens de réformer l'état, le recteur de l'Université, accompagné de nombreux professeurs en droit civil et en droit canon, siégeait au premier rang. Souvent aussi, sans être mandés et sous l'impulsion des partis, nos docteurs, tout fourrés d'hermine et bardés de syllogismes, portaient leurs remontrances au pouvoir et l'interpellaient en grand appareil. Ces harangues fabriquées dans l'officine de l'école, s'appelaient *propositions*. Ce sont des thèses politiques, soutenues d'argumens en forme, hérissées de citations, farcies de commentaires : on s'en fera une idée en parcourant les huit discours de Gerson que nous possédons en français, imprimés ou manuscrits, et dont chacun fut à son heure un événement.

Bien au-dessous de Gerson et de sa vertueuse gloire, viennent se placer les noms de trois docteurs qui se signalèrent par leurs fougueuses invectives dans les états-généraux de 1413, convoqués à Paris au château Saint-Paul : ce sont Benoît Gentien, moine de Saint-Denis, professeur de théologie, Eustache de Pavilly, carme du couvent de la place Maubert, et l'abbé du Moutier Saint-Jean, de « la province de Lyon, » tous les trois députés du clergé auxdits états. A tour de rôle, soit dans l'assemblée même, soit dans la grande cour du château où le roi les recevait en audience publique, ils prenaient à partie les courtisans, « les officiers à gros gages, » ces cumulards du régime gothique ; ils vouaient au carcan et au pilori les gens de finance, « ces mangeurs du peuple ; » leurs sanglantes apostrophes, bravant tous les pouvoirs, faisaient trembler les magistrats prévaricateurs, conseillers et présidens du parlement, assis sur les fleurs de lys. « Voyez, s'écriaient-ils, ces truandeaux qui tantost estaient clercs à un receveur, gens de néant et de petit estat, et qui aujourd'hui sont fourrés de martres et autres riches habits, tellement qu'on ne les congnoist plus ; ils ne donneront à disner à aulcun s'ils n'ont le hypocras et autres telles friandises, et toutes ces dépenses-là viengnent du roy..* Et vous, gens du parlement et de la chambre des comptes, jeunes maistres des requestes ignorans, choisis à la faveur ; présidens, qui, en faisant gagner sa cause à un malfaiteur, dictes : « c'est contre le droit, mais il est mon parent ; » vous, chancelier, qui recevez 2,000 livres par an de traitement, 4,500 francs d'or pour les lettres de rémission, 26,000 livres sur

II. LES ORATEURS DES ÉTATS-GÉNÉRAUX

les subsides de guerre, 2,000 livres pour vostre garde-robe ; vous, procureurs généraux, appoinctés à 600 livres, conseillers appoinctés à 300 livres, quémandeurs de pots-de-vin, trafiquans d'arrêts et de sentences ; vous, officiers de la cour, qui occupez trois ou quatre emplois que vous ne pouvez remplir, et dont vous cumulez les grands et excessifs gages ; serviteurs et servantes du roy et de la reyne, mauvaises herbes et orties périlleuses du jardin royal, qui empeschez les bonnes herbes de fructifier, il faut vous oster, sarcler et nettoyer, afin que le demeurant en vaille mieulx. Sur ce, nous requérons qu'on vous prenne tous, vous, et vos biens aussi. » Ces diatribes, et d'autres semblables dont Monstrelet a conservé le texte, vociférées, toutes fenêtres ouvertes, dans la grand'salle de Saint-Paul, passaient et se. répétaient, en s'exagérant, jusqu'aux jardins ouverts à la foule : accueillies par d'effrayantes clameurs, elles donnaient presque toujours le signal des arrestations et des massacres. Ce que les harangueurs avaient suggéré, là sédition l'exécutait dans les vingt-quatre heures.

Il y avait bien, parmi les bourgeois de Paris, quelques esprits sages, fatigués du désordre, qui se moquaient de ces docteurs travestis en factieux et se scandalisaient fort des ridicules descentes de la rue du Fouarre et de la montagne Sainte-Geneviève sur la place publique. « Voilà, disaient-ils, de plaisans personnages et de singuliers hommes d'état ! Quelle pitié que des liseurs de livres, habitués à régenter des écoliers, à gloser sur l'Écriture et sur Aristote, osent prendre en main le gouvernement du royaume ! Tous leurs discours sont des fadaises ; ils ne s'entendent ni à la paix, ni à la guerre, ni aux finances : autant en emporte le vent ! Qu'ils retournent à leurs études et que chacun fasse son métier. » Déjà perçait ce malin bon sens qui, au temps de la Ligue, devait inspirer la *Ménippée*. L'éloquence frénétique de l'Université n'était pas seule à remuer les masses parisiennes ; les chefs de parti, comme en 1356, raffermissaient leur popularité par des harangues fréquentes : l'intervention de la parole était si nécessaire que tous les hommes qui ont joué quelque rôle dans cette époque orageuse et tragique y figurent avec le renom de personnages éloquens. Le duc Philippe de Bourgogne, mort en 1404 avait une brillante facilité d'élocution, fort admirée des chroniqueurs ; le duc d'Orléans, ce prince aimable et séduisant, effaçait les plus célèbres

Charles Aubertin

orateurs de l'Université par l'abondance et l'éclat de son langage. Lorsqu'on venait le haranguer et développer devant lui, d'un ton solennel, quelque *proposition*savamment élaborée, la simplicité élégante et précise de sa réponse déconcertait tout ce savoir alambiqué, et l'humiliait par le contraste. Les autres princes de la famille royale, le duc d'Anjou, le roi de Navarre, le duc de Berry, sont cités comme excellens orateurs ; tel est aussi le mérite attribué au fameux comte d'Armagnac : tous ces seigneurs, ces hommes de guerre et de faction, puissans par l'intrigue, vivant dans les périls imprévus et les subites alarmes d'une lutte implacable, possédaient ce talent, cette ressource toujours prête de la parole facile et persuasive, qui désarmait les colères, prévenait les défaillances et suppléait par l'ascendant personnel à la faiblesse d'un pouvoir contredit et contesté.

Dans la tourbe des harangueurs de carrefour, il en est un que son importance a distingué des autres et tiré de l'obscurité : c'est Jean de Troyes, échevin de Paris, concierge de l'huis-de-fer au palais. L'histoire n'a pas dédaigné de rapporter quelques-uns de ses discours. Sa voix était comme le clairon de l'émeute. Précédant les bandes insurrectionnelles, il allait sous les fenêtres de la demeure royale interpeller le gouvernement, le sommer de comparaître et d'écouter ses remontrances. Un dialogue s'engageait entre lui et les ministres du prince ou le prince en personne. « Bonnes gens, que voulez-vous ? disait en tremblant le roi ou le dauphin. Me voici prêt à vous entendre et je ferai selon votre désir. Retournez à vos métiers, er, pour Dieu, calmez-vous. — Nous voulons, répondait Jean de Troyes, que vous preniez le chaperon blanc et vert du peuple de Paris (la mode avait changé depuis 1350) ; nous voulons, nous tous qui sommes ici, que les traîtres de votre cour, corrupteurs de la jeunesse des princes, nous soient livrés et jetés en prison. » Si la harangue restait sans effet, si la liste de proscription était repoussée, l'orateur faisait un signe à ses hommes : la bande aussitôt, brisant les portes, fouillait les appartemens du prince, arrachait les proscrits à sa sauvegarde, les emmenait ou les massacrait sous ses yeux. — Sortons de ce Paris fanatique et sanguinaire, surexcité dans ses pires instincts par la longue immoralité des guerres civiles. Dominant cette agitation, l'échauffant de ses ardeurs cyniques, la parole, pendant près d'un demi-siècle, a disputé avec succès

II. LES ORATEURS DES ÉTATS-GÉNÉRAUX

56

à la force brutale le gouvernement du désordre ; elle a recueilli
l'empire échappé aux mains débiles de la royauté et à l'impuissance
des lois. Lasse enfin de ces excès, déchue de cette souveraineté
révolutionnaire, elle va s'épurer et s'ennoblir, comme l'esprit public
lui-même, sous l'influence du sentiment patriotique qui, s'exaltant
à son tour dans les suprêmes épreuves de la nationalité française,
maîtrisera les factions, suscitera Jeanne d'Arc, tournera contre
l'ennemi commun les volontés unies, les cœurs réconciliés.

De 1422 à 1439, Charles VII usa largement de la suprême ressource
des royales détresses ; il fit appel dix fois aux états-généraux. Ceux-
ci, convoqués en province, à Chinon, à Orléans, à Tours, à Meun,
sur le terrain même de la lutte à outrance contre l'envahisseur, furent
admirables de loyauté et de résolution. Ils donnèrent des hommes
et de l'argent, sans se décourager, sans se plaindre ; ils votèrent
la création d'une armée régulière et d'un impôt permanent ; ils
forcèrent les nobles qui avaient déserté le champ de bataille et se
tenaient cachés dans leurs châteaux à rejoindre le drapeau du roi.
On aimerait à connaître les discours et les orateurs qui ont alors
raffermi le cœur de la nation et soutenu, pendant tant d'années, en
de si dures extrémités, l'esprit de sacrifice et l'invincible espérance ;
mais presque rien ne s'est conservé des paroles qui furent dites en
ces occasions décisives ; le silence des historiens semble indiquer
qu'on y a plus agi que parlé, et que le sentiment qui dominait dans
ces assemblées était un patriotisme sans phrases. Le plus curieux
fragment qui nous reste de cette époque appartient à des jours
meilleurs ; c'est un discours prononcé aux états de 1439 par Jean
Juvénal des Ursins, évêque de Beauvais, l'auteur d'une chronique
souvent citée par nous. Issu d'une famille de riche bourgeoisie que
sa résistance aux factieux avait illustrée au XIVe siècle, fils d'un
prévôt des marchands et frère d'un chancelier de France, Jean
Juvénal, qui fut plus tard archevêque de Reims, était en 1439 le
chef de la députation ou, comme on disait, de « l'ambassade de
Paris » dans l'assemblée d'Orléans : personne n'y représentait plus
dignement, avec une autorité plus imposante, le courage, les vertus
et les lumières du tiers-état.

La péroraison surtout de son discours est à remarquer. L'orateur
s'adresse à ce sentiment monarchique qui, dans l'ancienne France,
était la forme vivante et l'expression populaire du sentiment

Charles Aubertin

national : rappelant les récentes victoires, le merveilleux changement survenu clans les affaires, tant de villes reconquises, tant de périls dissipés et de si terribles ennemis subitement vaincus ou écartés, il voit dans ce retour de fortune une preuve certaine de la protection divine ; il conjure les députés de se serrer autour d'un prince choisi par le ciel pour la délivrance et le relèvement de la patrie. « Regardez, dit-il, et advisez quelles merveilles Dieu a faites pour lui ; comme il fut sauvé de la main de ses ennemis à Paris, la bataille de Beaugé, la déroute des sièges mis par les Anglois à Montargis, à Orléans, à Compiègne, et le recouvrement en partie des pays de par deçà ; la mort miraculeuse du roy d'Angleterre, du comte de Salisbéry et autres ennemis. Ces choses sont-elles venues par les vaillances et vertus des nobles, par les prières des gens d'église ? Je crois que non. Mais Dieu l'a fait et a donné courage à petite compagnie de vaillans hommes à ce entreprendre et faire, à la requeste et prière du roy. Considérez cette noble maison de France, le roy, la reyne, M. le dauphin ; quelle auguste famille, de Dieu gardée, de Dieu aimée, de Dieu prisée et honorée, comme vous pouvez voir apparemment. Ne la devez-vous doncques aimer ? Certes si faites. *Regem honorificate, Deum timete.* » Nous reconnaissons là, si je ne me trompe, l'accent particulier aux inspirations et aux croyances des contemporains de Jeanne d'Arc, une effusion de ce sentiment religieux et patriotique qui éclate dans certaines pièces de Christine de Pisan, d'Alain Chartier, de Charles d'Orléans, écrites de verve sous le coup de l'émotion excitée par le miracle des victoires françaises.

Vingt ans après, Jean Juvénal, devenu archevêque, premier duc et pair de France, prit la parole dans une autre assemblée d'états-généraux, à Tours, en 1468. Les temps étaient changes. Le pouvoir royal, consolidé par les institutions et par la gloire de Charles VII, tournait à un despotisme rusé ; l'impôt permanent, porté par Louis XI de 1,200,000 livres à 5,000,000, accablait le peuple. L'orateur défendit cette fois les opprimés et les faibles. Son éloquence, dont la vigueur rappelle, mais avec moins de rhétorique, le*Quadriloge invectif* d'Alain Chartier, nous est un exemple du ferme langage que les bons citoyens osaient tenir en avertissant les grands de la misère des petits. Il décrit d'abord, d'un style naïf, expressif, et qui ne craint pas le mot propre, les brigandages de toute sorte qui

ruinent les provinces : « Vos peuples sont tout détruits, appauvris de chevance, tellement qu'à peine ont-ils du pain à manger pour les excessives tailles qu'on leur met sus, et par pilleries et mangeries qu'ils souffrent. De là, une terrible fièvre, resverie et frénésie en laquelle vivent marchans, laboureurs et autres ; car qui perd le sien, perd le sens. » D'où viennent ces maux ? De l'excès des pensions payées aux courtisans, « non mie seulement à hommes, mais à femmes qui ne sauraient de rien servir la chose publique. Hélas ! s'écrie-t-il, dans un mouvement qui n'est pas sans hardiesse, hélas ! tout est du sang du peuple ! on oste la pasture du pauvre commun, et la rapine qu'on fait est en vos maisons. Pourquoi grévez-vous et destruisez-vous ainsi mon peuple ? comme dit Dieu par le prophète. » Une autre « vuidange » de l'or de France, — nous dirions un *drainage*, — ce sont les sommes « qu'on porte à Rome pour avoir bénéfices vacans, grâces expectatives de bénéfices dans les chapitres et les abbayes, au mépris des franchises et libertés de l'église gallicane. Une grande partie de notre or va ainsi au delà des monts… En toutes ces choses l'âme et la substance de la chose publique s'en va et ne revient point. Où est le remède ? Dans l'humanité et la sagesse du roi. C'est à lui qu'il appartient de délivrer son peuple de la main des méchans, d'oster les dommages et extorsions qu'il souffre. Il y eut quelqu'un en un conseil qui dit un jour : Exigez et taillez hardiment, tout est vostre. Ce sont maximes de tyran, non dignes d'estre entendues. » Ainsi parlait la liberté de l'ancien temps, plus généreuse qu'efficace, trop souvent impuissante lorsque la sédition n'était pas là pour lui prêter main-forte. Elle avait le cœur droit et de nobles fiertés ; elle savait faire entendre des vérités utiles, mais ses avertissemens, comme ses menaces, manquaient de sanction.

A mesure qu'on s'éloigne de la primitive simplicité du moyen âge et qu'on touche aux temps modernes, les états-généraux gagnent en importance. Les débats de ces assemblées, devenus plus longs, plus approfondis et plus variés, désormais mieux connus et conservés plus fidèlement, offrent à l'historien un attrait qui jusque-là leur avait en partie manqué. Il ne s'agira plus uniquement d'octroyer au roi, après une délibération rapide et des pourparlers officiels, les subsides nécessaires pour l'armement de quelques milliers d'hommes : on discutera des questions

Charles Aubertin

plus hautes, plus compliquées, d'un intérêt permanent et d'une solution difficile ; la responsabilité agrandie des représentans du pays s'augmentera de préoccupations nouvelles. Le temps est venu d'arrêter les empiétemens du pouvoir royal, l'avidité croissante et les prodigalités de la cour, de sauvegarder la fortune et la liberté des peuples en maintenant le principe du libre consentement de l'impôt ; le principal souci des états sera désormais d'empêcher la transformation de la monarchie française en despotisme. Bientôt surgiront les redoutables difficultés des controverses religieuses et de l'agitation des consciences. Les guerres civiles ajouteront leurs fermens de discorde aux passions ordinaires de la politique ; aussi, cette période de cent cinquante années qui nous reste à examiner est-elle, dans l'histoire entière des états, la plus féconde en grandes discussions, en enseignemens utiles, celle où se marquent avec le plus de vigueur et de netteté les caractères distinctifs et la réelle influence de notre ancienne éloquence nationale.

III. LES ORATEURS DES ÈTATS-GÉNÉRAUX DE 1483 A 1615

Philippe Pot, L'Hôpital, du Vair, Robert Miron.

I

Les états-généraux de 1483, convoqués au lendemain de la mort de Louis XI, couronnent avec une certaine grandeur l'histoire politique du moyen âge. Cette assemblée, l'une des plus imposantes que l'ancienne France ait connues, l'une des plus riches en talens, en convictions vigoureusement soutenues, la plus célèbre, peut-être, par la gravité des questions de principes qui y furent discutées, se réunit à Tours, le 15 janvier, dans la grande salle du palais de l'archevêché où s'étaient déjà tenus les états de 1468. La session, marquée d'incidens notables, dura trois mois ; tout le détail des résolutions prises et des discours entendus nous est fidèlement rapporté dans le volumineux journal du député de Rouen, Masselin, auditeur intelligent des harangues d'autrui et déterminé harangueur lui-même. C'est le plus ample document où l'on puisse étudier les ressorts cachés de ces assemblées, leur intime constitution ; c'est là qu'on voit à l'œuvre l'éloquence, et qu'on apprécie au juste l'action qu'elle exerce, la réalité des succès qu'elle obtient.

Louis XI en mourant laissait une mémoire détestée. Les trois ordres, tour à tour opprimés ou trompés par lui, sentaient médiocrement les mérites supérieurs et les solides résultats d'une politique égoïste en apparence, sans scrupules dans ses moyens, qui, tout en travaillant avec une persévérante habileté à la grandeur nationale, semblait n'avoir eu d'autre but que d'exagérer le pouvoir d'un seul homme. Avant d'obtenir la tardive justice de l'histoire, ce règne si utile à la France, méconnu dans ses bienfaits, mis en cause pour ses fautes seules, qualifié de « régime sinistre » à la tribune des états, soulevait une réprobation presque unanime. Masselin, esprit très politique, a fort bien noté et retracé les dispositions générales, l'humeur dominante de cette assemblée, les brusques mouvemens d'opinion et les courans d'influences contraires qui agitaient l'ardeur inexpérimentée de ces trois cents députés. Le parti qu'on pourrait appeler libéral formait la majorité ; l'historien caractérise d'un seul trait ces mandataires du peuple, récemment arrivés du fondée leurs bailliages avec l'impatiente vivacité de leurs espérances : « Ils avaient, dit-il, le cœur chaud et la parole libre, *ferventis erant animi et liberi verbi.* » Lui, Masselin, chef de la députation de Normandie, officiai de l'archevêque de Rouen, renommé dans toute la contrée pour sa parole nette et ferme, pour son savoir en finances, il figurait au premier rang des patriotes, ainsi que le Bourguignon Philippe Pot, seigneur de la Roche ; son opposition déclarée au despotisme le mit aussitôt en crédit : élu d'emblée président de son bureau, il prit, comme nous dirions, la spécialité des questions de budget. Les défenseurs de l'ancienne cour, secrètement encouragés par la nouvelle, étaient en minorité ; entre ces deux fractions très inégales louvoyait et intriguait un parti flottant, le groupe malfaisant des ambitieux, *maligna cohors*, comme l'appelle Masselin.

Dans le programme imposé par les cahiers aux délibérations des états, deux points d'une importance capitale primaient tout le reste : l'organisation du conseil de régence et le vote de l'impôt. Par qui seraient nommés les membres du conseil ? A qui appartenait le droit de les choisir ? Nommer ceux qui gouvernent, c'est être

Charles Aubertin

maître du gouvernement ; si donc on reconnaissait aux députés le droit d'instituer le conseil de régence, c'était la nation qui allait se gouverner elle-même durant l'interrègne. Cette controverse touchait au principe organique de la monarchie, à l'essence du pouvoir des états. Pour faciliter le travail, les députés s'étaient partagés en six bureaux ou commissions ; les grands débats et les votes décisifs étaient réservés à l'assemblée générale : dans les bureaux, comme dans l'assemblée, la discussion, sur ce premier point, fut longue et orageuse. Partisan décidé de la souveraineté des états, Masselin se disposait à la soutenir de sa parole, quand le seigneur de La Roche, s'emparant de l'estrade qui servait de tribune, emporta le vote par une improvisation d'une force et d'une véhémence extraordinaires. Nous voici, cette fois, en présence d'un véritable orateur ; nous entendons un vrai discours politique, nerveux, serré, substantiel, d'une composition toute moderne : rien n'y ressemble aux deux harangues ampoulées que Jean de Rély, député de Paris, chancelier de Notre-Dame, vint déclamer au début et à la clôture de la session ; ici, le style est franc comme la pensée ; point de scolastique, ni de pédantisme, point d'invocations à Dieu et aux saints ; le développement, logique et passionné, court au but avec une simplicité rapide et une croissante énergie. Pourquoi Masselin, excellent connaisseur, mais trop dédaigneux de notre langue, a-t-il commis la faute de traduire en latin un discours si français d'allure et d'accent, qui avait excité l'enthousiasme de l'assemblée ? Lorsque Jean de Rély publiait dans leur texte primitif ses deux sermons diffus et ennuyeux, pourquoi le chroniqueur des états n'a-t-il pas eu l'heureuse idée de conserver sous sa forme originale ce monument de la liberté et de l'éloquence de noire pays, manquant ainsi l'occasion de rendre à l'histoire de notre littérature un service signalé ? Malgré le voile jeté d'une main malavisée sur les hardiesses du fond et de l'expression, le relief de ce discours s'accuse avec vigueur : des qualités de premier ordre, sensibles encore aujourd'hui, attestent le talent et le caractère supérieurs de l'homme qui l'a prononcé.

La thèse de Philippe Pot s'appuie sur des axiomes démocratiques dont la hardiesse inattendue n'a point échappé au profond historien du tiers-état, Augustin Thierry. Selon l'orateur, la royauté est une fonction et non un patrimoine héréditaire, *regnum dignitas est, non hœreditas* ; dans le peuple réside la souveraineté ; il la délègue aux rois, mais pendant l'interrègne des minorités royales la souveraineté retourne à la nation et aux états, ses mandataires. Ce principe, gros de conséquences, le seigneur de La Roche prétend l'établir par le raisonnement et le confirmer par la tradition. « Comme l'histoire le déclare, et comme je l'ai appris de mes pères, dans l'origine le peuple souverain créa les rois par son suffrage, *suffragio populi rerum domini reges fuisse creatos* ; il éleva à l'empire les plus vertueux et les plus habiles. Dans le choix de ses gouvernans le peuple ne consultait que sa propre utilité. Le roi est fait pour le peuple, et non le peuple pour le roi. S'il en est parfois autrement, c'est que le prince, au lieu d'être un bon berger, est un loup qui mange son troupeau. N'avez-vous pas lu bien souvent que l'état est la chose du peuple, *rem publicam rem populi esse* ? Puisque l'état appartient au peuple, pourquoi celui-ci négligerait-il son bien ? Comment se fait-il que des courtisans osent attribuer au prince, qui n'existe en partie que par le peuple, la souveraineté que le peuple lui a confiée ? C'est ici le point capital et fondamental : qui écoutera vos plaintes, si vos droits ne sont pas reconnus ? Convenons donc, avant tout, mes seigneurs, que l'état est la chose du peuple, qu'il l'a confiée aux rois, et que ceux qui l'ont eue par force ou autrement, sans le consentement du peuple, sont réputés tyrans ou usurpateurs. Lorsque le roi ne peut gouverner par lui-même, la chose publique retourne au peuple, donateur de cette chose, *hujus rei donatorem*, qui la reprend à titre de maître, *velut suam*, d'autant plus que les maux causés par la vacance du gouvernement retombent toujours sur lui et sur lui seul. Pourquoi donc hésiter ? Pourquoi baisser les yeux et les tenir attachés à terre ? Pourquoi vous fatiguer à saisir de faibles branches et négliger le tronc de l'arbre ? Maintenant que vous siégez ensemble, vous balanceriez ! Rien n'acquiert de force, selon moi, qu'après la sanction des états ; aucune institution n'est légitime ni solide, si elle s'élève malgré les états ou sans leur consentement. Où donc est l'obstacle qui pourrait vous empêcher d'accomplir une œuvre excellente de laquelle dépend la ruine ou la prospérité de la nation ? Je n'en vois aucun si ce n'est votre faiblesse et la pusillanimité qui vous rend indignes de tenter une si noble entreprise. Courage ! illustres seigneurs, reprenez confiance en vous-mêmes et fermeté. Cette liberté des états que vos ancêtres

Charles Aubertin

ont défendue avec tant d'énergie, ne la laissez point affaiblir par mollesse ou indifférence. Ne vous montrez pas inférieurs à vos pères, ni moins bons citoyens ; que la postérité n'ait pas à vous condamner pour avoir fait de votre pouvoir un emploi funeste à l'état : au lieu de la gloire, qui doit être l'objet de vos travaux, prenez garde de n'emporter qu'un opprobre éternel. »

Quelle perte que celle du texte français de cette admirable harangue dont nous ne donnons ici qu'un assez court fragment ! Et qu'on ne croie pas que ce soit un morceau oratoire, composé à loisir et après coup par l'auteur du journal. La fidélité avec laquelle Masselin a traduit en latin les discours de Jean de Rély, dont nous avons le texte français, nous est ici un sûr garant : ajoutons que le talent facile, mais diffus, du chroniqueur, ne pouvait inventer un discours si évidemment supérieur aux harangues prononcées par lui-même et qu'il nous a conservées. Quel était donc ce député bourguignon qui traçait avec tant de vigueur, en plein moyen âge, à la tribune d'une assemblée politique, la théorie d'une royauté constitutionnelle ? Philippe Pot, seigneur de La Roche, avait quitté, comme l'historien Gomines, le service de Philippe le Bon et de Charles le Téméraire pour celui de la France ; Louis XI le nomma sénéchal de Bourgogne en 1477. Admirateurs de son éloquence, ses contemporains disaient de lui ; « C'est la bouche de Cicéron, » Sous l'impression du discours que nous venons de citer ». les états décidèrent que dix députés seraient adjoints au conseil de régence provisoirement institué par les princes du sang ; le seigneur de La Roche fut l'un des dix. Né en 1428, il mourut en 149A, gouverneur de Bourgogne.

Peu de jours après l'éclatant succès de Philippe Pot, un vote unanime des six bureaux de l'assemblée chargea Masselin d'exprimer en séance publique l'opinion des états sur le dégrèvement de l'impôt permanent. Le député de Rouen prit trois fois la parole. Ses discours n'ont pas la sève et le montant de l'éloquence bourguignonne du seigneur de La Roche : nets, coulans, judicieux, ils sont un peu trop chargés de citations de l'Écriture ; l'homme d'église s'y reconnaît sous le financier. Deux qualités les distinguent : un sentiment vif des maux du peuple, une courageuse ardeur à combattre ces théoriciens du pouvoir absolu qui, certains de faire leur cour, disaient tout haut que les biens des sujets sont le domaine des

III. LES ORATEURS DES ÈTATS-GÉNÉRAUX DE 1483 A 1615

rois. « Sire, chassez loin de vous ces détestables flatteurs, peste de vos états, corrupteurs de votre esprit et de votre âme ; n'en laissez pas un seul auprès de vous. Votre peuple est le véritable maître des biens qu'il possède ; on ne peut les lui enlever, en tout ou en partie, s'il n'y consent pas. Vivant sous une monarchie légitime, il est libre et non point esclave. Soyez le père et non le tyran de votre peuple. Épuisé par d'iniques impôts, il paie plus qu'il ne peut ; il tire de sa pauvreté et de sa souffrance jusqu'à son nécessaire pour vous le donner et vous le remettre. N'en croyez donc pas ceux qui vous disent que nous, ses mandataires, nous voulons vous rogner les ongles jusqu'au vif et vous compter les morceaux. » Cette éloquence modérée, interprète de fermes convictions, ne réussit pas moins que la véhémente parole de Philippe Pot : la taille fut réduite de cinq millions à quinze cent mille livres.

Beaucoup d'autres députés parlèrent avec verve sur les mêmes sujets ou sur des questions moins importantes ; les trois cents pages du journal se composent en majeure partie de l'analyse ou de la traduction de tous ces discours. Irritée de sa défaite, la minorité absolutiste s'emportait à des déclarations d'une singulière impudence. « Les sujets, disait-elle, sont-ils donc, aujourd'hui, devenus des maîtres ? Vous détruisez l'ancienne constitution et vous mettez à sa place une monarchie imaginaire. A quoi bon un roi, s'il ne peut réduire à l'obéissance les mécontens ? Nous connaissons le caractère des vilains. Si on ne les comprime pas, ils s'émancipent et deviennent insolens. La liberté n'est pas faite pour eux ; ils ne doivent connaître que la dépendance. La taille est le meilleur frein pour les contenir. » — « Étranges paroles, dit Masselin ; comment un cœur d'homme a-t-il pu concevoir et exprimer de telles pensées ! Un jour, les choses s'envenimèrent ; l'accord faillit se rompre entre la noblesse et le tiers-ordre au sujet de l'indemnité des députés. Il faut savoir que, même sous ce régime aristocratique, les fonctions de représentant n'étaient pas gratuites ; les électeurs, et non les élus, supportaient les frais de séjour et de déplacement. L'assemblée fixait la somme due à chaque députation ; les bailliages, les villes, les provinces payaient à leurs mandataires l'allocation votée ; il arrivait parfois que les électeurs retenaient l'argent, s'ils n'étaient pas contens des députés. Un représentant de la ville de Dijon, au XVIe siècle, Etienne Bernard, réclamant des

Charles Aubertin

échevins pour lui et ses collègues, après la clôture des états de la ligue, l'indemnité de 15 livres par jour, conforme au tarif adopté, n'obtint que cette réponse insuffisante : « On ne vous doit rien pour la belle besogne que vous avez faite. » Combien d'électeurs modernes, s'ils osaient et s'ils pouvaient, paieraient leurs députés, après la dissolution, en monnaie des échevins de Dijon !

L'indemnité se mesurait au rang et à la qualité des personnes. Il y avait des députés à vingt-cinq francs et des députés à six francs par jour. Vers le temps où nous sommes, la taxe généralement admise accordait 25 livres à un archevêque, 20 livres à un évoque, 15 livres à un abbé chef d'ordre, 12 livres à un abbé commendataire, 10 livres aux doyens et aux archidiacres, 7 livres 10 sols aux députés des sièges royaux, 5 ou 6 livres aux députés du plat pays. On reconnaît l'ancien régime aux différences de ces tarifs politiques. Les comptes de la ville d'Orléans, à la date de 1468, font mention d'une somme de 415 livres 10 sols dépensée par les députés de cette ville pour une session de vingt-huit jours, « non compris 14 livres 10 sols pour huit poinçons de vin clairet, fournis pour leur boiste, et 9 livres payées au voiturier par eau qui les avait menés d'Orléans à Tours et de Tours à Orléans par la rivière de Loire. » Tout était donc prévu et calculé dans l'indemnité, même la buvette. Par une bizarre répartition des charges, qui n'étonnera personne, ce n'était point chacun des trois ordres qui subvenait aux dépenses de ses représentans particuliers : le tiers à lui seul portait le fardeau de la représentation des états. Selon le mot du chancelier de France en 1483, il était « l'asne banal, ayant bon dos pour toute espèce de charge. » Ou si l'on veut emprunter une autre comparaison aux comédies politiques du même temps, « quand Église, Noblesse et Pauvreté *faisoient la lessive en commun*, on chargeoit le linge sur les épaules de Pauvreté, et, si elle se plaignoit, Église et Noblesse répliquoient *Je te commande en tout temps de te taire.* » Cela parut trop fort à quelques députés du tiers, dans cette même session : le moment étant venu de voter l'indemnité qui s'élevait à 50,000 livres, ils demandèrent que la part afférenteaux représentans de la noblesse et du clergé pesât sur les deux ordres privilégiés : un avocat de Troyes, maître Guillaume Huyart, soutint cette motion.

Là-dessus, un député noble, messire Philippe de Poitiers, chevalier, se lève furieux et, dans une sortie violente, s'emporte

III. LES ORATEURS DES ÈTATS-GÉNÉRAUX DE 1483 A 1615

contre l'insolence de ces avocats « qui se croient les représentans du peuple et s'attribuent le patronage exclusif des intérêts du tiers-état. » Son discours est à lire, même aujourd'hui ; car il nous montré pendant combien de temps ont couvé dans les cœurs ces fermens de discorde sociale que notre siècle voit éclater. « Je voudrais bien, dit-il, que M. le préopinant, *dominus proponens*, m'apprît s'il pense que les ecclésiastiques et les nobles, qui sont membres de cette assemblée, n'ont procuré aucun soulagement au peuple, et s'il s'imagine que ses services et ceux des députés du tiers ont plus profité à celui-ci que les travaux du clergé et de la noblesse. Qui donc a déclaré les misères du pauvre peuple et défendu sa cause ? Le clergé. Quels hommes, après le peuple, pâtissent le plus des souffrances du peuple et doivent s'attacher plus étroitement à ses intérêts ? Je l'affirme en toute conscience, ce sont les ecclésiastiques et les nobles, dont l'aisance et la fortune dépendent entièrement de celle du peuple et qui ont pour le peuple bien plus d'affection que les avocats et les gens de justice. Même quand le peuple est misérable, les avocats continuent de s'enrichir. Pourquoi donc ces avocats s'arrogent-ils le titre de défenseurs du peuple ? Il semble, à les entendre, que les ecclésiastiques ne s'occupent que d'affaires d'église, les nobles, que de questions militaires, et qu'eux seuls songent à la nation, afin que sa reconnaissance et son argent récompensent leur dévoûment. Si vous en croyez l'avocat, les parties supérieures du corps politique seront bientôt esclaves et tributaires des autres, ce qui bouleversera l'économie du corps social. Souhaiter cette désunion, je le jure, c'est le désir d'une âme qui n'est que folle ou perverse. Ordonnez donc que le peuple paie, et ne l'ordonnez qu'à lui. Aussi bien, les nobles ne vous obéiraient pas ; pour défendre l'état, ils ont appris à donner, non de l'argent, mais des coups de lance. » La proposition des députés du tiers fut repoussée ; l'usage prévalut, et, comme l'exigeait si cavalièrement le défenseur des privilèges de la noblesse, le peuple paya.

En votant la taille réduite à 1,500,000 livres, les trois ordres avaient formellement stipulé qu'elle ne serait exigible que pendant deux ans : passé ce terme, la nation devait être consultée de nouveau. C'était poser le principe de la périodicité des états et jeter les fondemens d'un régime constitutionnel. Assailli de réclamations, étourdi de plaintes et d'exigences, le gouvernement accepta cette

Charles Aubertin

clause onéreuse ; mais quand il vit tomber peu à peu l'ardeur des députés, la première ivresse de liberté et d'opposition se dissiper, la discorde, la fatigue, le désir du retour gagner les plus fougueux et amollir les résistances, usant d'une supercherie dont l'ancienne politique était coutumière, il supprima dans la séance finale les stipulations gênantes, et déclara l'impôt voté sans conditions.

Vaincue et dupe sur un point de telle importance, l'assemblée ne se résigna qu'en protestant contre cette trahison. « La salle entière frémissait, dit Masselin, un mouvement d'indignation courut sur presque tous les bancs et couvrit la voix du chancelier. » Il y eut même, pour parler en style moderne, une explosion à l'extrême gauche : un théologien, chaud partisan du peuple, *plebis fervens et andax zelator*, s'échappa en invectives dont ses voisins durent contenir la violence. « Oui, nous sommes joués, s'écria-t-il, et depuis qu'on a obtenu notre consentement pour la levée des deniers, tout le reste à été méprisé et foulé aux pieds. On n'a tenu compte ni des demandes inscrites dans nos cahiers, ni de nos résolutions définitives et des limites que nous avons fixées. Malédiction de Dieu, exécration des hommes sur ceux dont les complots et les intrigues ont causé ces malheurs ! N'ont-ils pas de conscience de nous prendre notre bien malgré nous et contre une convention solennelle ! Dites, larrons de l'état, détestables agens du despotisme, est-ce là le moyen de faire prospérer la nation ? Je vous parle au nom de Dieu : non-seulement vous tous, coupables et complices, mais vos amis qui ont prêté les mains à la consommation de ce forfait, vous êtes tenus à restitution. » Cet honnête homme d'église, aussi naïf qu'impétueux dans ses étonnemens, était de ce tempérament politique qui a produit au XVIIIe siècle l'opposition tenace et exaltée du jansénisme. N'est-ce pas pour nous un curieux sujet d'observation que cet esprit d'indépendance, déjà si vif, et en même temps si éclairé et si ferme, chez les orateurs du tiers-état ! N'est-il pas intéressant de constater, par des preuves irrécusables, la variété des talens et des opinions qui se produisaient dans nos anciennes assemblées, l'importance des questions traitées, la chaleur des débats, l'audace des idées de réforme. qui se déclaraient à la tribune ? Surpris et inquiets, les partisans du pouvoir sans contrôle ne s'y reconnaissaient plus : « Les têtes, disaient-ils, sont tournées à l'utopie. » On sait les causes qui, peu d'années après,

III. LES ORATEURS DES ÉTATS-GÉNÉRAUX DE 1483 A 1615

ont surexcité cette ardeur et propagé, dans la seconde moitié du XVIe siècle, une agitation nouvelle que l'influence et l'éloquence des états-généraux ont été appelées, comme toujours, à dominer.

II

Près de quatre-vingts ans d'intervalle séparent les états tenus à Tours, sous Charles VIII, des états tenus à Orléans, sous Charles IX. Pendant ce silence de la nation, à peine interrompu par les deux assemblées peu importantes de 1506 et de 1557, la face du monde a changé ; la renaissance et la réforme, renouvelant les arts et la pensée, ont clos le moyen âge et ouvert les temps modernes. Avec les états-généraux de 1560, au lendemain de la conjuration d'Amboise, à la veille des massacres de Vassy, commence la période des guerres de religion : le feu intérieur qui depuis trente ans couvait en France éclata d'abord dans les élections générales.

Des opposans, animés d'une sombre énergie, se présentèrent devant les électeurs, et là, avec une audace et une âpreté que le moyen âge n'avait pas connues, dénoncèrent le trouble universel des âmes, l'insurrection des consciences, la profonde corruption des mœurs publiques, « les dix plaies d'Égypte » dont le royaume était accablé. Ces harangues, prononcées sur les places, dans les prévôtés et les « maisons de ville, » résonnaient, dit un historien, comme des coups de tocsin. A Blois, le protestant Jean Bazin, procureur du roi, acclamé par quinze cents électeurs, faillit payer de sa tête ce triomphe oratoire ; une prompte fuite le déroba à la vengeance des Guises. A Angers, un autre protestant, François Grimaudet, avocat du roi, fit au peuple un discours que la Sorbonne censura et que nous possédons : c'est un exposé complet de la situation morale et politique de la France. L'orateur passe en revue tous les ordres de l'état, flagellant d'une main rude les scandales, et comparant à l'effronterie des grands coupables impunis la patience des petits, « qui sont sans macule, » et qu'on opprime. « Qu'est-ce que le tiers-état ? disait-il. Si l'on considère les services rendus, c'est lui qui est tout et qui fait tout. C'est lui qui soutient les guerres ; en temps de paix, il entretient le roy, laboure la terre, fournit de toutes choses nécessaires à la vie de l'homme. Et pour prix de son travail,

Charles Aubertin

qu'obtient-il ? D'estre taillé, pressuré, molesté. Le pauvre peuple est comme la brebis qui tend le dos pendant qu'on lui oste la laine : il est tant foullé qu'il en est tout courbe... En regard de ces pauvres gens qui vendent leur vache, leur porc, leur lait pour acquitter les taxes, gabelles et subsides, qui ne mangent que du pain et ne boivent que de 'eau, voyez l'estat des prestres, des abbés, et des moines ! Ils vivent en délices le jour et la nuict ; ils sont lubriques, paillards, simoniaques, vestus de pourfilures et broderies, testonnés, épongés et parfumés, semblables à des amoureux, à des prestres de Vénus et non de Jésus-Christ, traînant après eux escuyers, palefreniers, laquais, rufiens, maistres d'hostel, courtisannes pompeuses et triomphantes, meutes de chiens de chasse et de vénerie, oiseaux de volerie, nombre de grands chevaux et autres infinis bagages... Considérez maintenant l'estat des nobles, ducs, barons, chevaliers et autres magnifiques seigneurs. Avortons dégénérés de leurs pères, aussi débonnaires envers l'ennemi, aussi peureux de l'offenser qu'on les voit terribles à battre et outrager le bonhomme au village, ils sont magnanimes comme Hercule pour faire violences infinies aux pauvres gens, pour voler le bien du marchand, et ne bougent de leurs maisons quand la nécessité des guerres les appelle sur les champs de bataille... Et vous, juges ? Votre justice est une boutique ; vous estes les sangsues, les bouchers, les harpyes et les griffons du peuple ; vous vous engraissez de sa substance. » Sans doute, rien n'était bien nouveau ni dans le fond ni dans la forme de ces diatribes : les comédies, les satires, les sermons du XVe et du XVIe siècle abondent en expressions aussi fortes, en accusations aussi violentes. La nouveauté, en 1560, l'audace périlleuse était de dire cela tout haut, non dans un livre peu lu, dans quelque poésie moqueuse et frivole, aussitôt oubliée, mais au grand jour, devant le peuple assemblé, en présence des factions impatientes et des sectes implacables ; c'était d'agiter ces torches de haine et de discorde au moment où le fanatisme allumait un vaste incendie.

Les états furent moins agités que ne semblait le présager la turbulence des élections. L'honneur de cette sagesse revient pour une bonne part à la politique tolérante que le chancelier de L'Hôpital fit prévaloir à la cour et qu'il soutint de sa parole en pleine assemblée. Nous avons les harangues prononcées par le chancelier en 1560 et 1561 : on y peut voir le double progrès qui s'accomplissait alors, sous l'influence d'un esprit nouveau, dans la raison publique et dans le goût littéraire de notre pays. Ces discours sont absolument dégagés des formes pédantesques ; la suite logique des idées ! et des faits, comme dans les harangues de Démosthène, y tient lieu de divisions artificielles. Souvent familier, mais toujours digne, le style respire l'honnêteté et tire sa force du bon sens. Sa noblesse lui vient des sentimens généreux qu'il exprime et des hautes pensées dont il est l'interprète. L'homme qui, le premier en France, dans le gouvernement de l'opinion, conçut l'idée de la grande politique, eut aussi le sentiment de la grande éloquence.

Placé entre la royauté discréditée et la nation divisée contre elle-même, l'Hôpital ne cherche pas, comme le tribun Grimaudet, ce qui irrite et désunit, mais ce qui apaise et réconcilie. Son loyal dessein est de raffermir la concorde en établissant sur une frase solide des principes supérieurs à toutes les dissidences. Au roi il conseille de maintenir le tradition des assemblées nationales ; il invite les sujets à réprimer l'humeur ambitieuse et mécontente qui, agitant toutes les classes, met le royaume en confusion. Il oppose au débordement du fanatisme sa belle conception de l'état laïque, indépendant des religions, impartial entre les croyances, et cette distinction, si neuve alors et si hardie, du chrétien et du citoyen. « Il ne s'agit pas de régler la foy, mais de régler l'estat ; plusieurs peuvent estre citoyens, qui ne sont pas chrétiens ; mesme l'excommunié ne laisse pas d'estre citoyen. » Tout l'esprit de nos modernes constitutions est là. Que faut-il pour que les religions diverses vivent en paix ? Il faut qu'elles obéissent à la loi du prince et se tolèrent réciproquement. « Ne voyons-nous pas des familles dont les membres catholiques aiment ceux de la religion nouvelle ? Comme citoyens d'un mesme pays, nous formons une seule et vaste famille. »

De telles paroles suffisent à la gloire des états de 1560. Cette assemblée entendit d'autres discours ; mais ils sont écrits dans l'ancien goût et ne nous offrent ni des traits bien saillans, ni des pensées neuves et fortes, ni des informations dignes d'être recueillies. Même observation sur les états de 1576 et sur ceux de 1588, si intéressans, d'ailleurs, par la gravité des circonstances et par le déchaînement des passions ; aucun orateur ne s'y produit qu'on puisse comparer à L'Hôpital ou au seigneur de La Roche.

Charles Aubertin

C'est tout au plus si de ce fond de banalités oratoires sortent et se détachent deux harangues qui méritent quelque attention : l'une, datée de 1576, est du roi Henri III ; l'autre, prononcée en 1588, est d'un orateur du tiers-ordre, Etienne Bernard, député de Dijon.

Lorsque, le 6 décembre 1576, Henri III ouvrit en personne les premiers états de Blois, avec une magnificence dont témoignent de nombreuses descriptions, ce prince, qui devait tomber si bas dans le mépris de ses sujets, ne s'était pas encore déshonoré par l'hypocrisie sanglante et débauchée de la fin de son règne. Sa jeunesse, sa bonne grâce, le souvenir récent de ses faits d'armes, les espérances qu'il n'avait pas eu le temps de démentir, soutenaient chez lui le prestige royal. Aussi, en l'entendant prononcer d'une voix ferme et vibrante, avec un accent de sincère émotion, le discours aisé, naturel, élégant et pathétique, qu'il avait Composé lui-même et qui était l'image de son esprit séduisant, l'assemblée ne put retenir un cri de surprise et d'admiration ; elle se leva dans un transport naïvement constaté par les Mémoires du temps ; un orateur venait de se révéler sur le trône de France. Énumérant les souffrances du peuple, les dangers de l'état, le roi déclarait qu'il aimerait mieux perdre la vie à la fleur de son âge, que de rester spectateur impuissant de la désolation du royaume ; il suppliait les députés d'oublier leurs divisions et de s'unir à lui dans un commun effort pour le salut de la patrie. « Rien, disait-il, ne m'a pénétré si avant dans le cœur que les oppressions et les misères de mes pauvres sujets, la compassion desquels m'a souvent ému à prier Dieu de me faire la grâce de les délivrer de leurs maux ou de terminer, en cette fleur de mon âge, mon règne et ma vie, avec la réputation qui convient à un prince descendu, par une longue succession, de tant de rois magnanimes, plutôt que de me laisser envieillir au milieu des calamités démon peuple, sans y remédier, et que mon règne fût en la mémoire de la postérité marqué comme un exemple de règne malheureux. Je vous prie et conjure, par la foi et loyauté que vous me devez, par l'affection que vous me portez, par l'amour et la charité que vous avez envers votre patrie, au nom de votre salut, de celui de vos femmes, de vos enfans, de votre postérité, laissant toutes les passions arrière, veuillez tous, en cette assemblée, de cœur et de volonté unis, mettre avec moi la main à l'œuvre et m'aider à rétablir le royaume dans sa bonne

III. LES ORATEURS DES ÈTATS-GÉNÉRAUX DE 1483 A 1615

santé et vigueur ancienne. » A cet appel, l'assemblée répondit par d'unanimes protestations de fidélité et de dévoûment ; ce fut le plus beau moment de ce triste règne : l'éloquence du monarque l'avait un instant transfiguré aux regards de ses sujets.

C'est peu de jours après l'assassinat du duc de Guise et l'enlèvement de cinq députés, saisis par un coup de force en pleine séance, qu'Etienne Bernard porta la parole, devant le roi, au nom du tiers-ordre. La terreur avait dissous les états. Impatiens de fuir ces lieux funestes, tremblant pour leur pays et pour eux-mêmes, les députés se réunirent une dernière fois sous l'impression de ces lugubres scènes et de ce tragique dénoûment : chacun des trois ordres remit à son tour le cahier de ses doléances. Dans la consternation universelle, l'orateur du tiers se signala par la dignité de son attitude. Tout en gardant le silence sur les événemens récens, il fit entendre à la conscience du prince des vérités pénibles : son discours mesuré, mais net et franc d'expression, releva les courages abattus et sauva l'honneur des derniers instans de l'assemblée. « Non, sire, dit-il, nous ne sommes pas des factieux, ni des rebelles ; nous publions haut et clair notre attachement à votre pouvoir, mais nos remontrances, pour être profitables au public et à votre service, ne doivent pas être fardées ou déguisées de quelque langage affecté. Vos sujets veulent et entendent les faire simples, libres et justes, sachant que les anciens avaient accoutumé de peindre la vérité toute nue, pour montrer qu'elle vouloit être ouïe, vue et connue à découvert, sans voile, fard, ni ornement quelconque. Cela est surtout à propos, quand on s'adresse à un roi, quand c'est tout un peuple qui parle, et qu'il y va du salut commun. » Après ce fier exorde, l'orateur mettait à nu, selon sa promesse, les plaies du royaume et les vices du gouvernement, a Vos officiers, sire, vos soldats, vos gens de finance, comme furieux et vrais parricides, ont déchiré, meurtri, violé et saccagé cette France, notre mère commune, avec une hostilité si barbare que la plupart des terres sont sans culture, les lieux fertiles déserts, les maisons vuides, tout le plat pays dépeuplé, toutes choses réduites en un désordre épouvantable. Et l'on parle d'imposer de nouvelles charges ! Et sur qui ? Sur un pauvre passant, détroussé et mis en chemise ; car c'est ainsi qu'il faut représenter l'état de votre peuple. Il est temps de mettre un terme à ces désordres dont la clameur monte jusqu'au

Charles Aubertin

ciel. Autrement, la simplicité et crainte de vos sujets se tournera en audace et vengeance, et la nécessité les portera au désespoir. Sire, l'amour du peuple est le fondement du royaume et la sûreté de votre sceptre. » Voilà comment l'ancienne liberté parlait en face à la royauté coupable, au lendemain d'un guet-apens royal et d'un coup d'état.

Un jour vint, en 1593, où la France, aveuglée et pervertie, travaillée de complots et d'intrigues, fut sur le point de se livrer à l'Espagne et de se jeter dans les bras de l'Inquisition. Il était impossible que cette criminelle folie se consommât sans provoquer, même sous la menace des poignards de la ligue, la révolte des âmes restées fidèles à l'honneur français. Le 20 juin, une décision des états, payant l'or de Philippe II, donnait la couronne à l'infante et à son futur époux. Indignés de cette trahison, les députés de Paris, du Vair en tête, quittèrent la salle et coururent dénoncer le vote de forfaiture au patriotisme du parlement. Toutes les chambres se réunirent pour en délibérer. Jamais question plus grave n'avait été soumise à une assemblée, puisque l'existence même de la nation était en jeu. Une sorte d'accablement produit par la gravité du débat tenait les esprits irrésolus : le conseiller du Vair, au milieu de l'hésitation générale, n'écouta que son cœur de citoyen et brava les périls de la parole. On peut dire que ce jour-là, dans cette discussion solennelle, comparable aux plus célèbres journées oratoires de l'antiquité, notre éloquence politique, égalant la grandeur du sujet, rivalisa avec les plus belles inspirations de l'éloquence grecque ou romaine.

S'autorisant de son titre de député pour intervenir dans le conflit des états et du parlement, l'orateur retraça d'abord avec une nerveuse précision les desseins profonds et les lointains cheminemens de la politique espagnole, cette habile captation de la volonté d'un peuple, cette mainmise insidieuse pratiquée sur son indépendance, tant de ressorts, sacrés et profanes, obéissant à une impulsion cachée et servant la même ambition, les prétextes les plus spécieux couvrant la perversité des moyens, l'église complice de l'émeute et de l'assassinat, les prédicateurs et les pamphlétaires soudoyés, toute cette vaste conspiration savamment ourdie, soutenue avec ténacité, touchant enfin à la victoire et se démasquant par le scandale de son succès, a Quelle pitié, messieurs, que nous ayons vu, ces jours passés, seize coquins de la ville de Paris faire vente au roy d'Espagne de la couronne de France, luy en donner l'investiture et lui en prester le premier hommage ! » Quand ce résumé des menées espagnoles a frappé les esprits, quand l'orateur les a conduits jusqu'au bord de l'abîme où la monarchie va sombrer, il s'adresse avec autant d'à-propos que d'énergie aux plus chers intérêts de ceux qui l'écoutent : il leur montre leur honneur perdu, par une indifférence qui sera taxée de complicité ou de lâcheté, leurs dignités, leurs fortunes, leurs vies même compromises ou menacées par le triomphe insolent de la faction d'Espagne, le parlement accablé sous les ruines de l'antique constitution du royaume. N'est-il pas temps de résister ? Qu'attendent-ils pour donner aux gens de bien le signal et l'encouragement de leur vertueuse résolution ? Souffriront-ils donc que tant de forfaits s'achèvent et qu'une poignée de misérables trafiquent de la couronne de France et de la nation française ? « Voilà, messieurs, l'estat où sont les affaires. Je voy vos visages pallir, et un murmure plein d'estonnement se lever parmi vous et non sans cause, car jamais il ne s'oüyt dire que si effrontément on se jouast de la fortune d'un si grand et si puissant royaume, si impudemment on mist vos vies et vos biens, vostre honneur, vostre liberté à l'enchère, comme on faict aujourd'huy. Et en quel lieu ? Au cœur de la France, au conspect des lois, à la veüe de ce sénat : afin que vous ne soyez pas seulement participans, mais coulpables de toutes les calamités qu'on ourdit à la France. Resveillez-vous donc, messieurs, et desployez aujourd'huy l'autorité des lois dont vous estes gardiens, car si ce mal peut recevoir quelque remède, vous seuls l'y pouvez apporter. Quand nous aurions oublié qui nous sommes, quand les vestemens que nous portons, les tapis sur lesquels nous siégeons ne nous rappelleroient point que nous sommes les dépositaires des lois et des droits de la couronne, si est-ce que le langage que nous parlons doit nous faire souvenir que nous sommes François. »

Encore une fois, n'est-ce pas là de l'éloquence ? Les qualités de la belle et forte prose oratoire ne brillent-elles pas, de toute évidence, dans ce discours de 1593 ? Presque partout la langue est à son point de maturité ; une forme nette et précise revêt une pensée juste et vigoureuse. Et ces qualités ne sont pas une exception ; nous les retrouvons aussi frappantes, aussi soutenues, dans d'autres

Charles Aubertin

harangues politiques du même orateur et du même temps. Du Vair parla, avec un égal talent, avec un pareil succès, en des circonstances et des situations très diverses : au parlement, en 1588, après la journée des barricades ; à l'Hôtel de Ville, en 1590, comme député de Paris, pour s'opposer à l'entrée d'une garnison étrangère ; plus tard enfin, en 1597, à Marseille, à Aix, au parlement de Provence, où Henri IV l'avait envoyé pour éteindre les derniers feux de la guerre civile. Citons seulement un passage de sa *Défense de la loi salique*, écrite sous forme oratoire, et publiée à l'ouverture des états de la Ligue, en réponse aux attaques de la Sorbonne et des universités espagnoles : il y préludait à l'admirable discours de 1593. « Qui nous eust demandé, il y a vingt ans, ce qu'on pourroit appeler la ruine de l'estat de France, nous eussions répondu que ce seroit d'estre soubmis à l'estranger. La passion qui nous aveugle fait que nous ne pouvons nous imaginer aujourd'huy quelles désolations apportent ces changemens. Nous sommes tellement ruinés et misérables que tout le monde, excepté nous, a pitié de nous… On nous propose le roy d'Espagne ! Si l'on nous eust proposé cela autrefois, lorsque nous avions quelque amour de notre patrie et l'affection que nous devons au nom françois, le cœur nous eust aussitost bondy. Et comme la nature, sans autre advertissement, abhorre ce qui lui est contraire et mortel, nous eussions, sans en vouloir davantage discourir, à ce seul nom d'espagnol, rejeté une telle proposition et vomy dessus nostre colère. » Nous le demandons de nouveau : cette prose est-elle indigne de figurer dans nos histoires littéraires à côté des beaux vers qu'un même sentiment national, ennemi de la ligue et de l'Espagne, inspirait alors à nos poètes ? Pourquoi donc négliger ces monumens de notre ancien génie politique, et lorsque tant de pages sont consacrées à d'insipides versificateurs ou à d'ennuyeux sermonnaires, pourquoi refuser un chapitre aux orateurs des états-généraux ?

Bien qu'ils portent la marque, toute personnelle, d'un esprit original et supérieur, les discours politiques d'Henri IV ont plus d'un trait commun avec les harangues des états-généraux, et cette ressemblance est un de leurs éminens caractères. Ces discours, comme ceux de L'Hôpital et de du Vair, respirent un profond amour du peuple et de la patrie ; ils invoquent et défendent les principes d'humanité, de justice, de mutuelle tolérance proclamés par les meilleurs esprits du XVIe siècle : plus heureux que ses devanciers, Henri IV ne se contente pas d'affirmer ces principes ; il les traduit en actes, et les convertit en lois. Nous avons entendu à la tribune de nos assemblées, dans la fureur des guerres de religion, l'éloquente protestation du droit luttant contre la force, et réduit à sa noble impuissance ; nous entendons ici l'éloquence du droit armé de la force et sanctionné par l'autorité du fait accompli. Voilà par où Henri IV orateur peut se comparer aux orateurs des états ; tout le reste, dans ces harangues bien connues, bien souvent citées, n'appartient qu'à lui et reflète la grandeur familière, la grâce souveraine de ce merveilleux génie, si ondoyant et si divers, d'une trempe si fine, si ferme et si souple, où tant de nuances et de contrastes, tant de qualités naturelles ou acquises venaient se mêler et s'assortir. Notre ancienne éloquence politique avait touché à la fin du XVIe siècle son point culminant : les ardentes controverses des états-généraux de 1614 lui fournirent une dernière occasion ; mais, malgré la violence des récriminations échangées, malgré le nombre et l'étendue des harangues prononcées, la parole, cette fois, ne s'éleva pas à la hauteur où l'avaient portée le vainqueur de la Ligue et le défenseur de la loi salique. Il y a plus de passion que de vrai talent dans les discours qui remplissent les procès-verbaux de ces états.

Deux querelles célèbres résument l'histoire de la session de 1614, l'une, qui met aux prises l'ultramontanisme du clergé et le gallicanisme du tiers-ordre ; l'autre, qui venge la juste fierté de ce même tiers outragé par les insolens mépris de la noblesse. Dans l'un et l'autre combat, le tiers est seul contre l'union des ordres aristocratiques : la noblesse appuie les doctrines du clergé, et le clergé soutient les prétentions de l'esprit de caste. Déjà s'annonce l'irréparable scission qui doit se consommer en 1789. Avant de clore cette longue étude, considérons un instant la dernière manifestation de la liberté des états : il ne saurait être sans intérêt de noter ce que le fond des cœurs recelait de désaccords invétérés et d'animosités séculaires au moment où le régime du silence absolu allait commencer.

Sous l'impression des souvenirs de la ligue et de l'attentat de Ravaillac, un sentiment d'une rare énergie s'était prononcé dans les réunions électorales. Presque tous les cahiers, par un vœu formel

Charles Aubertin

et spécial, réclamaient une loi qui protégeât contre les foudres spirituelles l'inviolabilité de la couronne, et la poitrine des rois contre les poignards sacrés. Quand la députation de Paris, dans la chambre du tiers, fit lecture de l'article ordonnant à tout régent et prédicateur d'enseigner comme une doctrine fondamentale l'indépendance du pouvoir civil et de désavouer la doctrine contraire, les représentans des provinces déclarèrent, à la presque unanimité, que leurs cahiers contenaient un article semblable. Sans mot d'ordre ni concert préalable, sous l'empire des mêmes craintes et des mêmes antipathies, une protestation spontanée contre les empiétemens de l'ultramontanisme était sortie des profondeurs du sentiment national. A cette ardeur gallicane le clergé répondit par une agitation pleine de colère. La chambre ecclésiastique affecta de voir dans les mesures réclamées une menace de schisme, et d'y reconnaître une suggestion calviniste. Décidée aux résolutions extrêmes pour étouffer ce qu'elle appelait une révolte, elle usa d'abord de ménagemens et tenta d'obtenir par la persuasion le retrait des projets et le désaveu des maximes. Ses plus habiles orateurs, l'onctueux évoque de Montpellier, Fenouillet, et le savant cardinal Duperron, vinrent haranguer, en grand appareil, avec une escorte de quatre-vingts prélats et seigneurs dans la salle du tiers-état.

Fenouillet parla le premier. Flattant la passion royaliste des députés, il maudit les doctrines et les attentats régicides : d'un style ardent et coloré, que relevait un débit pathétique, il peignit la terre de France « empourprée d'un sang précieux, qui conjurait les François éplorés de sauver les jours de leurs princes. » Les rois, s'écria-t-il, « sont les âmes tutélaires du monde, les images et les statues vivantes de Dieu. Oui, je me joins à vous, messieurs, pour demander que leur tête soit inviolable et sacrée. Qu'on dresse, si l'on veut, des colonnes publiques, qu'on mette sur la porte des villes et au front des maisons :*Ne touchez pas à l'oint du Seigneur* ! Anathème contre celui qui y touchera ! que toutes les furies le saisissent, et que l'horreur de ce crime détestable monte incessamment devant Dieu. » Le cardinal Duperron, insistant sur le point litigieux des rapports du spirituel et du temporel, déploya les ressources d'une dialectique pressante, d'un esprit fécond et d'une immense érudition. Son discours, publié tout au long dans le *Mercure* de 1615, dura trois heures. Par une habile riposte, par une sorte d'argument *ad hominem*, il toucha ses adversaires au vif en rappelant l'époque récente où le tiers ordre avait soutenu avec la même passion des principes opposés. « Il n'y a que vingt-cinq ans ceux de votre ordre, emportés par le tumulte du temps, voulurent establir en pleins estats une loy fondamentale toute contraire à celle de vostre article. Et maintenant vous en proposez une autre opposée à la leur, et vous voulez que les laïques la fassent jurer aux ecclésiastiques, que les laïques exigent en matière de foy le serment des ecclésiastiques ! Ainsi donc nostre foy sera sujette aux variétés, aux inconstances des affections des peuples qui changent tous les vingt-cinq ans ! Et ce seront les troupeaux qui guideront les pasteurs ! Et les enfans instruiront les pères ! et le disciple sera au-dessus du maistre ! »Le tiers avait alors pour président Robert Miron, frère de ce François Miron, prévôt des marchands sous Henri IV. Prévôt des marchands lui-même et président aux requêtes du parlement, il représentait mieux que personne, à ce double titre, les opinions dominantes et les aptitudes diverses de la bourgeoisie parisienne. Dans sa réponse, aussi ferme que mesurée, il démontra sans peine que le dessein du tiers n'était ni aussi ambitieux ni aussi dangereux que le prétendaient les orateurs du clergé. « Que veut l'article de notre cahier, sinon arrêter la licence de ces moines qui, au lieu de prier Dieu et de se mortifier, s'amusent en leurs cellules à sonner le tocsin contre la sacrée personne des rois, à allumer le feu pour embraser leur état, se rendant insolemment juges et arbitres de leur sceptre et les adjugeant à qui bon leur semble ? Nous disons avec Tertullien : La langue et la toge des théologiens font plus de mal à l'état que ne lui en feraient des armes et des cuirasses : *Linguas et togas theologorum plus rem publicam lœdere quant loricas.* Soulever le problème de la prétendue déposition de nos rois en la terre où nous vivons, c'est faire injure à tous ceux qui respirent l'air de France, et si la noblesse est venue avec vous en ce lieu pour témoigner du contraire, le roi pourra donner cette louange au tiers-état que son autorité a trouvé parmi le peuple son dernier asile : *ultima per vulgus vestigia fixit.* » Ces débats passionnèrent l'assemblée, la cour et la ville pendant un mois, et portèrent jusqu'à Rome un commencement d'inquiétude. On en connaît la fin : par un arrêt solennel du 2 janvier 1615, le parlement

Charles Aubertin

adhéra aux propositions du tiers ; quant à la cour, effrayée tout ensemble et satisfaite du royalisme des députés du peuple, elle céda aux obsessions des deux premiers ordres et supprima l'affaire en l'évoquant au grand conseil. Deux brefs du pape, *sub annulo piscatoris*, remercièrent le clergé et la noblesse du service rendu au saint-siège ; la fermeté du tiers-ordre obtint pour récompense l'applaudissement de Paris, qui vaut bien un bref.

Pendant que les députés des villes s'engageaient à fond dans cette controverse politique et théologique, un incident fortuit, surgissant d'une discussion sans importance, attirait sur leurs têtes, du côté de la noblesse, un plus violent orage. Savaron, député d'Auvergne, président au présidial de Clermont, chargé de faire un. rapport sur les pensions de cour, avait insinué que les gentilshommes ne servaient plus qu'à prix d'argent et qu'ils vendaient leur fidélité. « Faut-il donc, avait-il dit, que votre majesté fournisse, chaque année, 5,660,000 livres, somme à laquelle se monte l'état des pensions qui sortent de vos coffres ! Il y a de grands et puissans royaumes qui n'ont pas tant de revenu que celui que vous donnez à vos sujets pour acheter leur fidélité. Si cette somme étoit employée au soulagement de vos peuples, n'auroient-ils pas de quoi bénir vos royales vertus ? N'est-ce pas ignorer et mépriser la loi de la nature, de Dieu et du royaume, de servir son roi à prix d'argent et qu'il soit dit que votre majesté ne soit point désormais servie, sinon par des pensionnaires ? » Aggravant sa plainte par un rapprochement que l'assemblée saisit aussitôt, Savaron avait fait des maux du peuple une description dont s'étaient émus les auditeurs les plus habitués à l'énergie des doléances publiques. « Que diriez-vous, sire, si vous aviez vu dans vos pays de Guyenne et d'Auvergne les hommes paître l'herbe à la manière des bêtes ? Cette nouveauté et misère inouïe en votre état ne produiroit-elle pas en votre âme royale un désir digne de votre majesté pour subvenir à une calamité si grande ? Et cependant cela est tellement véritable que je confisque à votre majesté mon bien et mes offices, si je suis convaincu de mensonge. » Ainsi c'était pour payer des pensions à la noblesse qu'on réduisait le peuple à mourir de faim ! La chambre des nobles sentit le coup qui la frappait et se souleva contre l'audacieux orateur.

Tout en désavouant les intentions blessantes qu'on lui prêtait, Savaron répondit fièrement que « depuis vingt-cinq ans il avoit l'honneur d'être officier du roi, qu'auparavant il avoit porté cinq ans les armes, de manière qu'il avoit le moyen de répondre à tout le monde en l'une et l'autre profession. » Un gentilhomme répliqua « qu'il falloit abandonner M. Savaron aux pages et aux laquais. » Le président de Mesmes, lieutenant-civil et député de Paris, envoyé en conciliation auprès de la noblesse, prononça un discours qui nous montre comment le tiers comprenait alors et acceptait son rang dans l'organisation sociale : « Les trois ordres sont frères, enfans de leur mère commune, la France. Au premier, qui est le clergé, est arrivée la bénédiction de Jacob et de Rébecca ; il a obtenu le droit d'aînesse. Au second, représenté par la noblesse, sont échus les fiefs, comtés, et autres dignités de la couronne ; au cadet ou troisième, qui est le tiers-état, sont tombés en partage les offices de judicature. Le clergé est donc l'aîné ; la noblesse, le puîné ; le tiers-état, le cadet. Pour cette considération, le tiers-état a toujours reconnu messieurs de la noblesse comme étant élevés de quelques degrés au-dessus de lui ; il s'est toujours maintenu au respect et à l'honneur qu'il doit à cet ordre ; mais aussi la noblesse doit reconnaître le tiers-état comme son frère et ne pas le mépriser de tant que de ne le compter pour rien. Au reste, il se trouve bien souvent dans les familles particulières, que les aînés ravalent les maisons et que les cadets les relèvent. » Par un effet inattendu, la noblesse fut plus irritée de l'excuse que de l'offense. Cette déclaration fort modeste, mais qui se terminait dignement, lui parut « outrecuidante ; » elle fit savoir qu'elle s'en plaindrait au roi. Le conciliateur, comme il arrive parfois, avait rendu les deux partis irréconciliables. Il faut lire la harangue du baron de Senecey qui porta au Louvre, avec un nombreux cortège de gentilshommes, l'expression des griefs aristocratiques ; nul document n'éclaire d'un jour plus vif les prétentions de la noblesse, l'idée qu'elle se faisait d'elle-même et du reste de la France. « J'ai honte, sire, de vous dire les termes qui nous ont offensés. Ces hommes qui tiennent le dernier rang en cette assemblée, quasy tous hommagers et justiciables des deux premiers ordres, méconnoissant leur condition et oubliant leurs devoirs, se veulent comparer à nous ! Ils comparent votre état à une famille composée de trois frères : ils disent l'ordre ecclésiastique être l'aîné ; le nôtre, le puîné, et eux, les cadets… En quelle misérable condition sommes-nous tombés si cette parole est véritable ! Eh quoi ! tant de services

Charles Aubertin

signalés rendus d'un temps immémorial, tant d'honneurs et de dignités transmises héréditairement à la noblesse, et méritées par son labeur et sa fidélité, l'auroient-ils, au lieu de l'élever, tellement abaissée qu'elle fût avec le vulgaire en la plus étroite sorte de société qui soit parmi les hommes, qui est la *fraternité* ; et non contens de se dire nos frères, ils s'attribuent la restauration de l'état, à quoi la France sait assez qu'ils n'ont aucunement participé. Rendez-en, sire, le jugement, et par une déclaration pleine de justice faites-les mettre en leur devoir et reconnoître ce que nous sommes nés et la différence qu'il y a entre nous et eux. » Florimond Rapine, député du tiers, qui a laissé un journal de la session, raconte qu'au sortir de l'audience royale les délégués de la chambre des nobles, échauffés par le discours de leur président, s'écriaient : « Nous ne voulons point de fraternité entre le tiers et nous ; nous ne voulons pas que des enfans de cordonniers et de savetiers nous appellent frères : il y a autant de différence entre nous et eux comme entre le maître et le valet. »

Cet orgueil insensé, qui provoquait d'inévitables représailles, passant de la parole à l'action, s'emporta bientôt à d'odieuses violences. Un lieutenant-général d'Uzerches, membre du tiers-état de la province de Guyenne, le sieur de Ghavailles, rencontrant un matin près du couvent des Augustins un député noble du haut Limousin, messire de Bonneval, oublia de le saluer et de lui céder le pas. Le gentilhomme l'aborda brusquement : « Petit galant, vous passez devant moi sans me saluer ; je vous apprendrai votre devoir ; et lorsque vous me parlerez par votre bouche, je vous ferai connoitre de quelle façon vous devez parler d'un homme de ma sorte. » Et sans écouter les excuses du sieur de Chavailles, il lui brisa sa canne sur la tête. Insulté dans un de ses membres, le tiers-état bondit sous l'injure ; moins d'une heure après la rencontre, cent quatre-vingt douze députés allaient au Louvre demander justice de l'attentat. Florimond Rapine a décrit cette audience, où il assistait : « Le roi étoit assis dans une chaire de velours, couvert d'un chapeau gris ; la reine sa mère, assise à son côté gauche, M. le chancelier debout à son côté droit, nue tête. » Robert Miron, président du tiers, le sieur de Chavailles et tous les députés se jetèrent à deux genoux aux pieds du roi. « Sire, dit Robert Miron, le tiers-état, représentant tout votre peuple, se vient prosterner à vos pieds avec des larmes de sang, et les sanglots à la bouche, marques assurées de sa pressante douleur pour l'offense qui a été faite à Votre Majesté en la personne de l'un de vos députés. Toute la France s'en ressent blessée. Que fera la noblesse parmi les champs ? De quelle façon traitera-t-elle ailleurs vos sujets et vos officiers, puisqu'à la vue du Louvre, du parlement et des états, un gentilhomme a osé maltraiter à coups de bâton un lieutenant de province, un député qui est en votre particulière protection ? Que deviendra ce député, quand il sera de retour en sa maison, puisqu'au milieu de cette grande ville, capitale de votre royaume, il a été si indignement traité ? Où est le respect, où est la révérence des lois ? Quelle crainte aura-t-on de leur censure parmi le monde, puisqu'à Paris, demeure des rois et des loix, un officier, un député, une personne publique, protégée par votre royale garantie, a été outragée comme la plus abjecte et vile personne du monde ! » Le roi défera la plainte au parlement. Un mois après, le sieur de Bonneval était condamné à 2,000 livres de dommages-intérêts, à la confiscation de ses biens et à la peine de mort. Le tiers avait obtenu satisfaction.

Fatiguée des violens discours et des scènes tragiques qui attestaient l'exaltation croissante des esprits, la cour résolut d'en finir. Sous l'ancien régime, quand une assemblée gênait, il existait à l'usage du pouvoir un moyen de dissolution peu compliqué et toujours le même : on dégarnissait les salles des séances pendant la nuit et on fermait la maison. Mis à la porte comme des locataires congédiés, les députés se dispersaient en murmurant, ils ébauchaient un semblant de protestation dans la rue indifférente, puis couraient oublier leur dépit au fond de leurs provinces. Ceux de 1614, traités sans plus de façon, s'agitèrent pendant une semaine. Chaque matin, ils venaient par groupes « battre le pavé » du cloître des Augustins où s'étaient tenus les états, l'œil fixé sur la porte immobile, discutant les nouvelles, maudissant les ministres, s'accusant de leur complaisance passée : les plus timides, dit Florimond Rapine, « minutaient leur retour et soupiraient après leurs femmes et leurs enfans ; » d'autre, plus fiers, exhalaient en libres propos leur amertume. « Quelle honte, disaient-ils, quelle confusion à toute la France, de voir ceux qui la représentent en si peu d'estime et si ravilis, qu'on ignore s'ils sont François, tant s'en faut qu'on les reconnoisse pour députés ! Sommes-nous donc autres que ceux qui entrèrent hier dans la salle de nos séances, ou bien si une seule nuit nous a ainsi changés d'état, de condition, d'autorité ! Que veut dire que nous sommes sans chefs ? que signifie cette porte fermée, ce déménagement hâtif et précipité, sinon un congé honteux qu'on nous donne ? Ah ! France plus digne de servitude que de franchises, d'esclavage que de liberté, que tu abuses bien du bas âge de ton roi ! »

Un historien moderne compare cette éloquente, mais vaine indignation des députés de 1614 au simple mot, énergique et puissant, prononcé par Sieyès en 1789, dans une situation assez semblable : « Nous sommes aujourd'hui ce que nous étions hier. Délibérons. » Mais entre ces deux époques, qu'un intervalle de cent soixante-quinze années sépare, quel travail de transformation a du s'accomplir dans le caractère, les mœurs, les croyances et les opinions de l'ancienne France, pour qu'une assemblée politique, frappée d'un coup d'autorité, osât se redresser et revendiquer ses droits ! De combien d'autres changemens profonds cette simple différence, en 1789, ce hardi passage de la plainte inutile à la résistance efficace, était la preuve et le résultat !

Nous avons suivi pendant trois siècles, de 1302 à 1615, les manifestations intermittentes de la liberté précaire de nos assemblées politiques, nous attachant surtout à observer la forme éloquente des inspirations que ces assemblées puisaient dans leur amour du peuple et de la patrie. Nous avons jugé leur rôle, leur influence, beaucoup plus d'après leurs intentions hautement avouées que d'après l'importance des faits accomplis, en leur tenant grand compte de ce qu'elles avaient réclamé ou tenté, et en dégageant volontiers de leur trop réelle impuissance la noble et touchante expression de leurs désirs et de leurs sentimens. Deux causes ont borné les progrès de cette primitive éloquence et l'ont empêchée d'atteindre à la perfection littéraire : le petit nombre et le peu de durée des assemblées ; enfin l'état très imparfait de la langue, de la littérature et du goût public. N'est-il pas étonnant que, dans ces conditions défavorables, des hommes subitement appelés à délibérer sur les plus graves intérêts, à résoudre les plus difficiles questions de la politique intérieure et extérieure, aient si souvent fait preuve d'un savoir, d'une intelligence pratique, d'une habileté et d'une autorité de parole qui auraient honoré des législateurs rompus à la discussion des grandes affaires ? Quels monumens, quels témoignages de sa vigueur et de sa fécondité cette éloquence nous eût laissés si la liberté politique, au lieu d'être une concession temporaire et révocable du pouvoir absolu, eût été une institution permanente, ou du moins régulière, assurant le retour périodique des assemblées et définissant avec précision le rôle de la parole, les attributions des députés ! Telle qu'elle est, avec ses rudesses, ses illusions naïves, ses négligences et ses lacunes, elle nous plaît par un caractère de loyauté, de franchise et de sagesse, visible d'un bout à l'autre de cette histoire. Ce qui domine dans ces assemblées confuses, inexpérimentées, pleines de passions locales et d'étroits préjugés, c'est un fonds de probité et d'honneur, un zèle sincère pour le bien de l'état, pour le soulagement des maux du peuple, et en même temps une invariable fidélité aux principes du gouvernement. Même en pleine sédition, il n'est pas une seule de ces harangues des états qui porte atteinte à la personne et à l'autorité du roi. Ces rudes discoureurs maltraitent les courtisans, maudissent les gens de finance et les gens de guerre ; ils n'épargnent ni le clergé, ni la noblesse, ni la justice, ni les officiers de la couronne : leur critique, dans ses plus grandes licences, s'arrête sur les marches du trône ; elle sépare le prince de ses ministres et pratique d'instinct, sans la connaître, cette théorie, cette fiction de l'irresponsabilité royale qu'on a si vainement essayé d'inculquer à notre public moderne. Suppléant par sa droiture à la science qui lui manquait, l'ancienne France avait les mœurs des pays libres sans en posséder les institutions ; il est permis de croire que la royauté aurait mieux compris ses vrais intérêts si, au lieu de s'isoler dans le despotisme, elle s'était plus librement confiée à un dévoûment si sûr et n'avait pas durement repoussé une opposition si loyale.

A dater de 1615, l'histoire des états-généraux est close, leur rôle est terminé. Ils n'existent plus que de nom, comme une espérance vague pour les peuples, comme un moyen extrême et redouté, comme un remède pire que le mal, pour le pouvoir en détresse. Et lorsqu'après cette longue disgrâce, invoqués par l'irritation croissante de l'opinion devenue irrésistible et par l'incapacité d'un gouvernement aux abois, ils sortent d'une désuétude deux fois séculaire et viennent donner à l'immense insurrection dès longtemps préparée les formes légales d'une antique tradition de liberté, c'est pour

Charles Aubertin

disparaître aussitôt, avec l'ancien régime tout entier, et faire place aux constitutions démocratiques de la France renouvelée. Tout le monde sait que, de 1615 à 1789, durant cette prorogation indéfinie des assemblées nationales jugées trop incommodes, le parlement de Paris s'est lui-même investi du mandat qu'elles avaient cessé de remplir : suppléant des états, il a revendiqué l'honneur de contrôler, de limiter la royauté absolue, et l'on a souvent décrit les incidens variés, les succès contraires d'une opposition qu'il considérait comme la plus haute de ses prérogatives, comme son devoir le plus impérieux. C'est la partie brillante et populaire de son histoire. Mais, dans cette lutte mémorable, le côté extérieur et dramatique des faits a seul frappé les esprits ; l'histoire ne nous raconte que les remontrances et les lits de justice, les coups d'état, les proscriptions et les retours triomphans : on connaît beaucoup moins, on ignore presque entièrement ce qui était l'âme de la résistance, le ressort puissant du drame, ce qui soulevait l'intérieur du parlement, ce qui fermentait ou éclatait à huis clos, dans le secret imposant de ses délibérations, je veux dire la chaleur des débats engagés sur des questions si graves, l'énergie des discours prononcés aux heures de crise, le talent, la renommée, l'ascendant des orateurs qui se disputaient l'empire de l'assemblée, qui précipitaient ou modéraient son impulsion. Ces discours, ces émotions et ces controverses, d'où les événemens ont jailli, comme l'incendie sort de son foyer même, ces figures et ces caractères d'orateurs, surgissant dans l'orage et le conflit, tout cela a-t-il donc péri sans laisser aucune trace de son rapide passage, aucun souvenir de sa fugitive apparition ? Ce grand corps parlementaire dont toute la force résidait dans le conseil et la parole, nous savons ce qu'il a résolu, exécuté ; nous ignorons ce qu'il a dit avant d'agir, quels entraînemens de passion, quelles convictions raisonnées ont emporté ses votes et décidé ses résolutions. Les témoignages de son action politique sont partout dans l'histoire ; les monumens de son éloquence politique ne se voient nulle part. Est-il possible de retrouver et de ressusciter cette éloquence ? Quel en était le trait distinctif, le mérite original ? Les orateurs du parlement ressemblaient-ils ou non à ceux des états-généraux ? Il y a là un aspect nouveau du sujet qui appelle notre attention et que nous voulons examiner.

III. LES ORATEURS DES ÈTATS-GÉNÉRAUX DE 1483 A 1615

ISBN : 978-1533119391

www.ingramcontent.com/pod-product-compliance
Lightning Source LLC
Chambersburg PA
CBHW062016280526
45787CB00005B/2122